O DICIONÁRIO DA
LINGUAGEM
CORPORAL

JOE NAVARRO

O DICIONÁRIO DA LINGUAGEM CORPORAL

SEXTANTE

Título original: *The Dictionary of Body Language*
Copyright © 2018 por Joe Navarro
Copyright da tradução © 2023 por GMT Editores Ltda.

Publicado mediante acordo com William Morrow Paperbacks, um selo da HarperCollins Publishers.

Todos os direitos reservados. Nenhuma parte deste livro pode ser utilizada ou reproduzida sob quaisquer meios existentes sem autorização por escrito dos editores.

tradução: Edson Furmankiewicz
preparo de originais: Daila Fanny
revisão: Luíza Côrtes e Mariana Bard
diagramação: Ana Paula Daudt Brandão
ilustrações: pp. 19, 33, 53, 57, 79, 89, 95, 101, 105, 113, 127, 151, 175
© Anna Rassadnikova | Shutterstock; p. 27 © Shutterstock | HarperCollins;
p. 37: fonte Communications P05; p. 63 © grmarc | Shutterstock;
p. 117 © freelanceartist | Shutterstock; p. 161 © Oksana Usenko | Shutterstock;
p. 165 © makar | Shutterstock
capa: Filipa Pinto
imagens de capa: MrCutout e Skalgubbar
impressão e acabamento: Associação Religiosa Imprensa da Fé

CIP-BRASIL. CATALOGAÇÃO NA PUBLICAÇÃO
SINDICATO NACIONAL DOS EDITORES DE LIVROS, RJ

N241d

Navarro, Joe, 1953-
  O dicionário da linguagem corporal / Joe Navarro ; tradução Edson Furmankiewicz. - 1. ed. - Rio de Janeiro : Sextante, 2023.
  192 p. ; 21 cm.

  Tradução de: The dictionary of body language
  ISBN 978-65-5564-680-1

  1. Linguagem corporal - Dicionários. I. Furmankiewicz, Edson. II. Título.

23-84016

CDD: 153.6903
CDU: 159.925(038)

Meri Gleice Rodrigues de Souza - Bibliotecária - CRB-7/6439

Todos os direitos reservados, no Brasil, por
GMT Editores Ltda.
Rua Voluntários da Pátria, 45 – Gr. 1.404 – Botafogo
22270-000 – Rio de Janeiro – RJ
Tel.: (21) 2538-4100 – Fax: (21) 2286-9244
E-mail: atendimento@sextante.com.br
www.sextante.com.br

*Este livro é dedicado ao amor da minha
vida, minha melhor amiga e a primeira
editora de tudo que faço:
minha esposa, Thryth Hillary Navarro.*

Se a linguagem foi dada aos humanos para ocultar seus pensamentos, então o objetivo do gesto foi revelá-los.

JOHN NAPIER

Sumário

Introdução	11
Cabeça	19
Testa	27
Sobrancelhas	33
Olhos	37
Orelhas	53
Nariz	57
Boca	63
Lábios	79
Bochechas e mandíbula	89
Queixo	95
Rosto	101
Pescoço	105
Ombros	113
Braços	117
Mãos e dedos	127
Peito, tronco e abdome	151
Quadris, nádegas e genitália	161
Pernas	165
Pés	175
Conclusão	183
Agradecimentos	185
Bibliografia	187

Introdução

Em 1971, aos 17 anos, por motivos que desconheço até hoje, comecei um diário sobre o comportamento humano. Cataloguei todos os tipos de "comportamentos não verbais", o que é mais comumente chamado de "linguagem corporal". No início, eram os gestos peculiares que me chamavam mais a atenção: por que as pessoas reviravam os olhos quando não acreditavam em alguma coisa ou tocavam o pescoço quando ouviam más notícias? Mais tarde, meu foco mudou para as sutilezas: por que as mulheres brincavam com os cabelos enquanto falavam ao telefone ou arqueavam as sobrancelhas quando se cumprimentavam? Eram pequenas ações que capturavam minha curiosidade. Por que as pessoas faziam essas coisas e por que havia tanta variedade de gestos? Qual era o significado de cada um deles?

Meus amigos me disseram que era um propósito estranho para um adolescente, e admito que era mesmo. Enquanto eles estavam empenhados em trocar figurinhas de beisebol, saber quem tinha a melhor média de rebatidas ou quem fazia mais pontos extras no campeonato de futebol americano, eu estava muito mais interessado nas complexidades do comportamento humano.

No início, cataloguei minhas observações em fichas pautadas, para uso pessoal. Naquela época, não estava familiarizado com o trabalho dos gigantes do comportamento, como Charles Darwin, Bronisław Malinowski, Edward T. Hall, Desmond Morris ou um de meus futuros amigos, Dr. David Givens. Estava simplesmente interessado em saber como as pessoas agiam e *por quê*, além de querer preservar minhas observações. Nunca pensei que quatro décadas depois eu ainda colecionaria essas fichas. Coletei milhares de exemplos. Quando comecei, mal sabia que mais tarde me tornaria agente especial do FBI e que, ao longo de 25 anos, usaria essas observações para perseguir criminosos, espiões e terroristas. Mas é bem possível que, considerando o meu interesse em como e por que as pessoas se comportam de tal maneira, essa tenha sido a trajetória natural desde o início.

VIM PARA OS ESTADOS UNIDOS como refugiado de uma Cuba governada por comunistas. Tinha 8 anos e não falava inglês. Precisei me adaptar rapidamente – em outras palavras, observar e decodificar meu novo ambiente. Não podia contar com o que era simples e natural para os falantes nativos. Minha nova vida consistia em decifrar a única coisa que fazia sentido para alguém que não dominava o idioma: a linguagem corporal. Através do semblante, da suavidade nos olhos ou da tensão no rosto, aprendi a interpretar o que os outros apenas sugeriam. Eu podia descobrir quem gostava de mim, quem era indiferente à minha presença, se alguém estava com raiva ou chateado comigo. Em uma terra estranha, sobrevivi observando. Não havia outra maneira.

É claro que a linguagem corporal norte-americana era um pouco diferente da cubana. As pessoas nos Estados Unidos falavam com cadência e vibração diferentes. Os cubanos se aproximavam uns dos outros ao falar e muitas vezes se tocavam. Os americanos se mantinham mais distantes, sem contar que o toque social pode ser recebido com desconforto ou coisa pior.

Meus pais trabalhavam em três empregos cada um, então não tinham tempo para me ensinar essas particularidades. Precisei aprender por conta própria a cultura do país e a influência que ela exercia sobre o comportamento não verbal. Mesmo que não usasse essa expressão na época, eu percebia as diferenças de comportamento e tentava entendê-las. Desenvolvi minha própria forma de investigação científica, observando com neutralidade cada gesto e, como validação, só os registrava na ficha após os ter visto muitas vezes. À medida que minha coleção aumentava, certos padrões começaram a se revelar. A maioria dos comportamentos pode ser categorizada como marcadores de conforto ou desconforto psicológico: nossos corpos revelam com muita precisão, em tempo real, nosso mal-estar.

Mais tarde, eu aprenderia que muitos desses marcadores de conforto, ou comportamentos de conforto, para ser mais exato, se originam no sistema límbico, também conhecido como cérebro emocional. Esse tipo de resposta involuntária correspondia ao que eu tinha visto em Cuba e estava vendo então nos Estados Unidos. Na escola ou pela vitrine da loja da esquina, as pessoas piscavam os olhos erguendo as sobrancelhas para cumprimentar aqueles de quem realmente gostavam. Passei a considerar que tais comportamentos universais eram autênticos e confiáveis. Eu duvidava mesmo era da palavra falada. Quantas vezes, depois de ter aprendido inglês, ouvi as pessoas dizerem que gostaram de alguma coisa quando, na verdade, o rosto delas revelara o oposto apenas uma fração de segundo antes.

Foi assim que, muito jovem, aprendi sobre a dissimulação.

As pessoas mentem, mas em geral seu comportamento não verbal revela como elas realmente se sentem. As crianças, é claro, são péssimas em mentir: elas podem negar com palavras algo que seu gestual confirma. À medida que crescemos, ficamos melhores nisso, mas um observador treinado ainda é capaz de identificar sinais de que há algo errado: um problema, uma pessoa que não parece inteiramente sincera ou que não acredita no que está dizendo. Muitos desses sinais ou comportamentos estão reunidos aqui.

Com os anos, passei a confiar cada vez mais em comportamentos não verbais na escola, nos esportes, em tudo que fazia – até quando jogava com meus amigos. Ao me formar na Universidade Brigham Young, já coletava minhas observações havia mais de uma década. Lá, pela primeira vez, vivi entre pessoas de culturas muito diferentes (africanos, ilhéus do Pacífico, povos originários norte-americanos, chineses, vietnamitas e japoneses, entre outros) daquelas que tinha conhecido em Miami, e isso me permitiu criar mais fichas.

Na escola, também descobri os fundamentos científicos fascinantes de muitos desses comportamentos. Para dar apenas um exemplo: em 1974, vi crianças com cegueira congênita brincando juntas. Aquilo me tocou profundamente. Essas crianças nunca tinham visto outras crianças, mas exibiam comportamentos que eu pensava que só se aprendia visualmente. Elas reproduziam "pés felizes" e "mãos em torre", apesar de nunca os terem visto. Isso demonstrava que alguns comportamentos estavam conectados ao nosso DNA, eram parte de nossos paleocircuitos – circuitos ancestrais que garantem nossa sobrevivência e capacidade de comunicação, sendo, portanto, universais. Ao longo da minha vida universitária, aprendi sobre a base evolutiva de muitos desses comportamentos. Ao longo deste livro, revelarei fatos que consideramos banais, mas que são muitas vezes surpreendentes.

UMA VEZ FORMADO, recebi um telefonema me convidando para me candidatar ao FBI. Achei que fosse piada, mas no dia seguinte dois homens de terno bateram na minha porta e me entregaram um formulário, e minha vida mudou para sempre. Naquela época, não era incomum que olheiros do FBI procurassem talentos no campus. Por que meu nome foi selecionado, ou por quem, eu nunca soube. Posso dizer que fiquei mais do que exultante por ser convidado a ingressar na agência de amparo à lei mais prestigiada do mundo.

Fui o segundo agente mais jovem já contratado pelo FBI. Aos 23 anos, havia entrado outra vez em um mundo novo. Embora me sentisse despreparado para ser um agente, havia uma área que eu dominava: a comunicação não verbal. Era a única área em que me sentia confiante. O trabalho do FBI é, em sua maior parte, observar. Sim, há cenas de crime para processar e criminosos para capturar, mas a maior parte do trabalho é conversar com pessoas, vigiar criminosos, fazer interrogatórios. E para isso eu estava pronto.

Minha carreira no FBI durou 25 anos. Passei os últimos 13 no Programa de Análise Comportamental de Segurança Nacional, divisão de elite da agência. Foi nessa unidade, composta por apenas seis agentes, selecionados em um contingente de 12 mil, e criada para analisar os principais casos de segurança nacional, que empreguei minhas melhores habilidades em linguagem corporal. Lá eu tinha que alcançar o impossível: identificar espiões, agentes duplos e oficiais de inteligência inimigos que, sob imunidade diplomática, procuravam prejudicar os Estados Unidos.

Enquanto estive na ativa, aprimorei minha compreensão da linguagem corporal. O que observei nunca poderia ser replicado no laboratório de uma universidade. Quando li revistas científicas sobre dissimulação e linguagem corporal, percebi que os autores nunca interrogaram um psicopata, um terrorista, um mafioso bem-sucedido ou um oficial de inteligência da KGB soviética. Suas descobertas podem ser válidas em um ambiente controlado, mas eles entendiam pouco do mundo real. Não poderiam reproduzir o que eu havia observado ao vivo, nos mais de 13 mil interrogatórios que fiz em minha carreira, nos milhares de horas de vídeo de vigilância a que assisti e nas anotações comportamentais que fiz. Os 25 anos que passei no FBI foram minha pós-graduação; colocar vários espiões na cadeia com base em comunicação não verbal foi o tema da minha dissertação.

DEPOIS DE ME APOSENTAR do FBI, quis compartilhar o que sabia sobre linguagem corporal com outras pessoas. *O que todo corpo fala*, publicado em 2008, foi o produto dessa empreitada. Naquele livro, abordei os conceitos de "conforto" e "desconforto", além de revelar a onipresença dos comportamentos "pacificadores" – como tocar o rosto ou mexer no cabelo –, que usamos para lidar com o estresse diário. Procurei explicar de onde vieram esses comportamentos universais baseando-me em pesquisas psicológicas, biologia evolutiva e contextos culturais para entender *por que* fazemos o que fazemos.

O que todo corpo fala se tornou um best-seller internacional, traduzido para dezenas de idiomas e com mais de um milhão de exemplares vendidos em todo o mundo. Quando o escrevi, não tinha ideia de como se tornaria popular. Nas minhas palestras nos anos seguintes à publicação, continuei ouvindo a mesma coisa: as pessoas queriam mais, e em um formato mais acessível. Muitos leitores pediam uma espécie de guia de bolso, um manual de referência rápida de comportamentos que pudessem encontrar no dia a dia.

O dicionário da linguagem corporal é esse guia de bolso. Organizado por partes do corpo – da cabeça aos pés –, contém mais de quatrocentas observações importantes sobre linguagem corporal que fiz ao longo da carreira. Espero que a leitura deste livro lhe proporcione a mesma perspectiva sobre o comportamento humano que eu e outros agentes do FBI usamos para decodificá-lo. É claro que utilizamos esse conhecimento para interrogar suspeitos de crimes, mas você pode aplicá-lo como eu tenho feito todos os dias desde que vim para os Estados Unidos: para entender melhor aqueles com quem interage no ambiente de trabalho ou fora dele. Nas relações sociais, não consigo pensar em maneira melhor de compreender amigos ou parceiros do que estudando nosso principal meio de nos comunicarmos: pela linguagem corporal.

Se você já se perguntou por que fazemos o que fazemos, ou o que determinado comportamento significa, espero satisfazer sua curiosidade. Ao folhear o dicionário, encene os comportamentos sobre os quais você leu e veja como são percebidos. Ao encená-los, se lembrará melhor deles na próxima vez que os vir. Se você é como eu e gosta de observar as pessoas, se quer compreender o que estão pensando, sentindo, desejando, temendo ou pretendendo, seja no trabalho, em casa ou na sala de aula, continue lendo.

Cabeça

Todo comportamento se origina dentro da cabeça. O cérebro está constantemente trabalhando, de modo consciente ou inconsciente. Os sinais emitidos por ele regulam o coração, a respiração, a digestão e muitas outras funções. A fisionomia também é tremendamente importante: a testa, o cabelo, as sobrancelhas, os olhos, o nariz, a boca, as orelhas e o queixo se comunicam à sua maneira e oferecem informações que vão desde a saúde geral até o sofrimento emocional. E assim começamos com a parte do corpo em que procuramos informações sobre o que está na mente da pessoa. Fazemos isso desde o nascimento até a morte – primeiro como pais, depois como amigos, colegas de trabalho, namorados, etc.

1. Adornos de cabeça

Todas as culturas ostentam adornos por motivos diversos. Podem comunicar status de liderança (cocares de penas de chefes indígenas), profissão (um capacete de operário da construção civil), status social (um elegante chapéu Yves Saint Laurent), hobbies (capacete de bicicleta ou de escalada), religião (chapéu de cardeal, quipá judeu) ou adesão (boné de time esportivo ou de sindicato). Os adornos de cabeça oferecem uma perspectiva sobre os indivíduos: onde se encaixam na sociedade, seus grupos, seu status socioeconômico, no que acreditam, como se veem ou até mesmo quanto desafiam as convenções.

2. Cabelo

Nossa cabeleira transmite muitos sinais quando se trata de comunicação não verbal. Cabelo saudável é algo que todos procuram, mesmo de modo subconsciente. Quando estão sujos, despenteados, enfraquecidos ou malcuidados, podem sugerir problemas de saúde ou até mesmo doenças mentais. O cabelo atrai, seduz, se adapta, repele ou choca. Pode até comunicar algo sobre nossas carreiras: para o renomado antropólogo David Givens, o cabelo geralmente funciona como um "currículo não oficial", revelando o posicionamento de um indivíduo dentro de uma organização. E, em muitas culturas, é fundamental para o flerte e o romance. As pessoas costumam seguir tanto as normas culturais quanto as tendências atuais na forma como ajeitam sua cabeleira. Se ignoram esses padrões sociais, elas se destacam.

3. Brincar com o cabelo

Enrolar, torcer e mexer nos fios é um *comportamento pacificador*, mais frequentemente utilizado por mulheres. Pode indicar bom humor (durante a leitura ou um momento de relaxamento) ou estresse (enquanto esperam uma entrevista de trabalho ou durante um voo turbulento). Observe que se a *palma da mão está volta-*

da para a cabeça é mais provável que seja uma atitude pacificadora, em oposição à palma para fora, discutida a seguir. Comportamentos pacificadores nos acalmam psicologicamente em situações de estresse ou ansiedade e também nos ajudam a passar o tempo. À medida que crescemos, substituímos a pacificação obtida ao chupar o dedo por condutas como morder os lábios, roer as unhas ou mexer no rosto.

4. **Mexer no cabelo com a palma da mão para frente**
Essa é outra demonstração pública de conforto feminino – um sinal de que as mulheres estão seguras e confiantes diante dos outros. Normalmente, elas só expõem a parte interna do pulso quando se sentem confortáveis ou à vontade. É um gesto frequente em contextos de paquera, em que a mulher conversa com alguém por quem está interessada.

5. **Correr os dedos pelo cabelo**
Quando estressados, os homens passam os dedos pelo cabelo tanto para esfriar a cabeça (esse gesto permite que o ar resfrie a superfície vascularizada do couro cabeludo) quanto para estimular os nervos da pele à medida que a pressionam. Também pode ser um sinal de preocupação ou dúvida.

6. **Levantar o cabelo para resfriar a nuca**
Gestos para resfriar o couro cabeludo funcionam como pacificadores poderosos, aliviando tanto o calor quanto o estresse. As mulheres fazem isso de maneira diferente dos homens. Elas levantam o cabelo da nuca quando

estão preocupadas, chateadas, estressadas ou nervosas. Quanto mais repetirem esse gesto, mais provável é que estejam muito estressadas. No entanto, não podemos descartar que ajam assim para compensar o superaquecimento devido à atividade física ou à temperatura ambiente. Os homens tendem a resfriar o topo da cabeça, passando os dedos pelo cabelo.

7. Jogar ou tocar o cabelo
São gestos comuns quando estamos tentando atrair a atenção de um parceiro em potencial. O movimento da mão ao tocar o cabelo costuma ser considerado atraente (observe a maioria dos comerciais de xampu, cremes e afins). Nosso *reflexo de orientação* (RO), uma reação primitiva que nos alerta para qualquer movimento, está especialmente sintonizado com as mãos – os mágicos sempre contaram com isso ao elaborar seus truques. O simples gesto de levar a mão ao cabelo pode chamar nossa atenção mesmo do outro lado de uma sala. Aliás, o reflexo de orientação opera em um nível tão subconsciente que pode ser observado até mesmo em pacientes em coma quando os olhos rastreiam o movimento.

8. Puxar o cabelo
Arrancar os fios de modo intencional e repetitivo é chamado de tricotilomania. É mais frequente em crianças e adolescentes sob estresse, mas também se observa ocasionalmente em adultos. Os homens tendem a arrancar os pelos dos cantos das sobrancelhas, enquanto as mulheres vão além: podem puxar os cílios, fios de cabelo, das sobrancelhas e pelos do braço. Essa é uma resposta

ao estresse; até os pássaros arrancam as próprias penas quando estão estressados. Ao estimular as terminações nervosas, esse tique nervoso tem uma função calmante. No entanto, quando se torna grave, é preciso recorrer a tratamento médico.

9. Assentir com a cabeça

Durante as conversas, acenar com a cabeça de maneira cadenciada costuma indicar que a pessoa está ouvindo e é receptiva à mensagem. Quase sempre sinaliza concordância, exceto nas situações em que a inclinação da cabeça é acompanhada de franzir dos lábios (veja o verbete 154), o que pode sugerir discordância.

10. Assentir sinalizando contradição

Geralmente vemos isso em crianças pequenas, como quando o pai ou a mãe pergunta ao filho: "Você quebrou a lâmpada?", e ele responde: "Não", mas assente com a cabeça. Esse comportamento contraditório trai a verdade. Já vi acontecer com crianças, adolescentes e até adultos.

11. Dar tapinhas atrás da cabeça

Quando estamos perplexos ou em conflito mental, muitas vezes nos pegamos dando tapinhas na parte de trás da cabeça, talvez até penteando de leve o cabelo para baixo enquanto tentamos encontrar uma resposta. Esse comportamento é reconfortante por causa da sensação tátil e do calor gerado. Como a maioria das situações em que tocamos alguma parte do nosso corpo, esse é um gesto pacificador que reduz o estresse ou a ansiedade.

12. Coçar a cabeça
Coçar a cabeça nos acalma quando temos dúvidas ou nos sentimos frustrados, estressados ou preocupados. É comum em pessoas que tentam se lembrar de informações (como alunos refletindo sobre uma questão durante uma prova) ou estão perplexas. Coçar a cabeça muito rápido geralmente sinaliza alto estresse ou preocupação. Também pode indicar que a pessoa está em conflito sobre o que fazer a seguir.

13. Ajeitar o cabelo com a palma da mão
Além da função de manter o cabelo no lugar, as pessoas fazem esse gesto para se acalmar quando estão estressadas, diante de um dilema ou enquanto ponderam sobre a melhor resposta a uma pergunta. Não é muito diferente de uma mãe que acaricia a cabeça do filho para confortá-lo. Esse gesto pacificador pode ter efeito calmante imediato, mas também pode sinalizar dúvida ou conflito, especialmente se feito na parte de trás da cabeça.

14. Coçar a cabeça e esfregar o abdome
Essas duas ações simultâneas indicam dúvida ou espanto. Também podem sinalizar insegurança ou incredulidade. Curiosamente, muitos primatas fazem isso.

15. Entrelaçar os dedos atrás da cabeça com os cotovelos para o alto
Esse gesto é conhecido como "encapuzar", porque a postura lembra a de uma cobra naja quando seu capuz se dilata – fazendo com que ela pareça maior. É uma exibição de domínio territorial, sinal de que estamos confortáveis

e no comando. Os dedos entrelaçados atrás da cabeça trazem calma e conforto, enquanto os cotovelos projetam confiança. O capuz raramente é feito na presença de alguém de maior status.

16. Levar as mãos em direção à cabeça (estupefação)
Pessoas que estão chocadas, incrédulas ou perplexas podem levar as mãos em direção à cabeça, bem próximo das orelhas, mas sem tocá-las, com os cotovelos projetados para a frente. Às vezes mantêm a posição por vários segundos enquanto tentam entender o que aconteceu. Essa resposta primitiva e autoprotetora ocorre quando alguém comete uma gafe, como um motorista colidindo com o próprio portão de casa ou um jogador correndo em direção ao gol errado.

17. Entrelaçar os dedos no alto da cabeça
Geralmente realizado com a palma das mãos para baixo, esse gesto chama a atenção porque se destina a cobrir a cabeça, com os braços e cotovelos ficando bem próximos às bochechas. Ocorre quando as pessoas estão sobrecarregadas, envolvidas em um impasse ou uma questão, quando houve uma calamidade (depois de furacões ou tornados, é observado naqueles que perderam propriedades) ou as coisas não estão correndo como deveriam. Observe a posição dos cotovelos: à medida que a situação se deteriora, eles tendem a se aproximar quase de forma não natural, como se estivessem em um torno. Quanto pior a situação, maior a pressão que as mãos exercem para baixo. Esse gesto é bem diferente do "encapuzar" (veja o verbete 15), em que as mãos se

entrelaçam atrás da cabeça e a pessoa está se sentindo bastante confiante.

18. **Tirar o chapéu**
    Sob estresse repentino, as pessoas podem tirar o chapéu para (literalmente) esfriar a cabeça. Isso em geral ocorre ao receber más notícias, durante uma discussão ou após um momento acalorado. Do ponto de vista da segurança pessoal, saiba que, em situações de raiva intensa (por exemplo, incidentes no trânsito), remover chapéu, camisa e óculos de sol geralmente precede uma briga.

Testa

Desde bebês, analisamos a testa da pessoa com quem interagimos em busca de informações. Mesmo com apenas alguns meses de vida, os bebês reagem aos sulcos na testa da mãe – percebendo-os como algo negativo. Esse pequeno espaço entre o alto do nariz e a linha do cabelo revela aos outros, em tempo real, como nos sentimos. É uma parte notável do corpo, intimamente ligada ao cérebro. É pela testa que comunicamos sentimentos de maneira rápida e precisa.

19. Tensionar a testa
Em alguns indivíduos, o estresse se manifesta por meio de uma tensão repentina na testa, resultado do enrijecimento dos músculos subjacentes. O rosto tem mais de vinte grupos musculares que podem criar cerca de 4 mil expressões distintas, segundo o Dr. Paul Ekman, psicólogo e renomado estudioso das expressões faciais. Seis músculos em particular, incluindo o grande occipitofrontal, o prócero e o temporal, são responsáveis por comprimir ou franzir a testa quando estamos estressa-

dos. Obviamente, só conheceremos o aspecto natural da testa de alguém em um ambiente calmo. Mesmo assim, a tensão nessa área quase sempre é muito perceptível e um excelente indicador de que algo está errado.

20. **Franzir a testa**
A testa franzida em resposta a um estímulo costuma ser um bom indicador de que há problemas ou de insegurança. Também ocorre quando as pessoas estão concentradas ou tentando entender algo. Franzir a testa em geral se associa a dúvida, tensão, ansiedade ou preocupação. A toxina botulínica, que muitos usam para fins cosméticos com o intuito de diminuir as linhas de expressão na testa, pode mascarar sentimentos verdadeiros.

21. **Botox na testa**
Tanto homens quanto mulheres se submetem a aplicações de toxina botulínica para suavizar as linhas de expressão na testa. Isso tem criado problemas para casais – porque é normal que, em um relacionamento, um olhe para a testa do outro em busca de sinais – e até mesmo para crianças. Bebês de apenas 4 semanas de vida percebem a testa franzida como algo negativo. Crianças e adultos relataram incapacidade de interpretar os sentimentos de pais ou cônjuges que fizeram uso da toxina, por não encontrarem os sinais emocionais tão facilmente quanto antes.

22. **Linhas de expressão**
Em alguns indivíduos, as lutas da vida deixaram sulcos profundos, linhas e outros sinais na testa, mesmo em

tenra idade. A testa pode refletir uma vida difícil ou estressante, ou ao ar livre, sob o sol, o que tende a tornar as marcas mais prevalentes.

23. Suor na testa

Sob estresse elevado, algumas pessoas começam a suar. A forma de transpiração é muito individual. Há quem transpire profusamente com o primeiro gole de café ou subindo um lance de escadas, portanto certifique-se de obter um referencial sobre esse comportamento em um indivíduo antes de tirar qualquer conclusão. Os referenciais, ou comportamentos de linha de base, são aqueles que consideramos "normais", ou seja, que se revelam quando uma pessoa não está estressada ou excessivamente afetada por emoções.

24. Veia temporal latejando

Quando uma pessoa está sob estresse, as veias temporais superficiais (mais próximas da pele nas laterais da cabeça, logo atrás dos olhos) podem pulsar ou latejar visivelmente. É um indicador muito preciso de excitação autônoma devido a ansiedade, preocupação, medo, raiva ou, ocasionalmente, euforia. A excitação autônoma é como o cérebro entra automaticamente em modo de sobrevivência – obrigando o coração e os pulmões a trabalharem mais rápido em antecipação à atividade física, como correr ou lutar.

25. Massagear a testa

Costumamos massagear a testa quando temos dor de cabeça (literalmente), quando processamos informações ou quando temos preocupações, inquietações, dúvidas ou ansiedade. É um comportamento pacificador, que ajuda a aliviar tensão ou apreensão.

26. Apontar para a testa
Apontar um dedo para a testa de alguém ou girar o dedo como se fosse um parafuso ao apontar para a testa do interlocutor é muito ofensivo: significa que o outro está mal informado, é ríspido ou louco. Esse gesto cultural é comum na Alemanha, na Suíça e na Áustria, e às vezes nos Estados Unidos. Por ser um insulto, deve ser evitado.

27. Pressionar a testa com a mão
Esse gesto ajuda a aliviar a tensão causada por estresse, dúvida ou insegurança. É diferente de bater a mão na testa; ao pressioná-la, parece que a pessoa está tentando empurrar a cabeça para trás. Tal como ocorre com tantos outros comportamentos, este se destina a acalmar psicologicamente o indivíduo por meio da pressão tátil na pele.

28. Olhar confuso
A área entre os olhos se contrai, muitas vezes causando sulcos ou franzimento nas sobrancelhas. O olhar pode se desviar, e às vezes a cabeça inclina-se ligeiramente para o lado. É comum vermos esse olhar perturbado quando alguém luta mentalmente com alguma questão ou tenta resolver um problema. De modo geral, podemos dizer que resulta de uma alta carga cognitiva (pensamento ou recordação difícil de lidar).

29. Cobrir a testa com um adereço
Estresse ou constrangimento farão com que alguns realmente cubram a testa com um chapéu, boné ou capuz. É mais comum em crianças e adolescentes, mas adultos também recorrem a esse gesto. Muitas vezes vi motoristas agindo assim ao serem multados por excesso de velocidade. É como se estivessem envergonhados e tentassem se esconder.

Sobrancelhas

Elas servem a uma variedade de propósitos: protegem os olhos da poeira, da luz e da umidade, mas também comunicam como nos sentimos. Desde cedo confiamos nas sobrancelhas dos outros para nos ajudar a interpretar suas expressões faciais. Em muitas culturas, elas são uma preocupação estética: algo a ser pinçado, modelado, depilado, colorido, realçado, hidratado, estilizado, removido ou atenuado. Como o restante do rosto, as sobrancelhas são controladas por vários músculos (o corrugador do supercílio é o principal, mas há também os nasais e o levantador do lábio superior, do nariz), portanto podem ser muito expressivas e comunicar fielmente nossos sentimentos.

30. Arquear ou mover a sobrancelha

Sobrancelha arqueada ou se mexendo transmite emoção (como quando cumprimentamos um amigo próximo) ou o reconhecimento de algo agradável. Arqueamos as sobrancelhas em menos de um quinto de segundo. É um comportamento que desafia a gravidade, pois é realizado em direção ao alto. Como a maioria dos gestos que têm essa característica, significa algo positivo. Bebês com poucos meses se alegram quando a mãe mexe as sobrancelhas. É um ótimo gestual para que os outros saibam que nos importamos com eles e estamos felizes em vê-los. Um relance de sobrancelha feliz pode ser imensamente útil e poderoso em situações cotidianas, tanto em casa quanto no trabalho.

31. Saudar com as sobrancelhas
Erguemos as sobrancelhas quando reconhecemos alguém e não podemos falar naquele momento, ou simplesmente para indicar que percebemos a presença de uma pessoa – às vezes acompanhamos o gesto com um sorriso, dependendo das circunstâncias. Logo notamos quando não nos estendem essa cortesia; por exemplo, quando entramos em uma loja e o balconista nem se dá ao trabalho de fazer contato visual. Mesmo se estivermos ocupados, podemos informar aos outros que os valorizamos com um simples movimento das sobrancelhas.

32. Arquear a sobrancelha sinalizando tensão
Ocorre quando uma pessoa é submetida a uma surpresa indesejada ou a um choque. Juntamente com outros gestos, como rosto tenso ou compressão labial, informa que alguém experimentou algo muito negativo. É a tensão nos músculos que controlam as sobrancelhas que diferencia esse comportamento da saudação descrita anteriormente, bem como a duração: ela se prolonga por alguns segundos a mais.

33. Arquear a sobrancelha abaixando o queixo

Quando ouvimos algo que questionamos de imediato ou que nos surpreende, arqueamos as sobrancelhas com a boca fechada e levamos o queixo em direção ao pescoço. Também empregamos esse comportamento ao presenciar uma situação constrangedora, como se disséssemos: "Vi e não gostei." É um olhar que os professores costumam lançar aos alunos malcomportados.

34. Assimetria de sobrancelha

Pessoas usam esse sinal quando têm dúvidas ou incertezas sobre o que está sendo dito. Uma sobrancelha arqueará enquanto a outra permanecerá na posição normal ou até afundará mais. O ator Jack Nicholson ficou famoso por questionar o que os outros dizem, dentro e fora das telas, fazendo isso com as sobrancelhas.

35. Contrair o espaço entre as sobrancelhas

A área entre os olhos e logo acima do nariz é chamada de glabela. Quando fica estreita ou franzida, geralmente sinaliza um problema, uma preocupação ou uma aversão. Esse sinal universal pode surgir muito rapidamente e, portanto, ser difícil de detectar, mas é um reflexo preciso dos sentimentos. Algumas pessoas franzem a testa quando ouvem algo preocupante ou estão tentando entender o que está sendo dito. Esse sentimento é comunicado com o emoji ><.

Olhos

Os olhos são nosso portal visual para o mundo. Desde que nascemos, é com eles que procuramos informações em rostos familiares, movimento ou novidade, cor, sombra, simetria e sempre o esteticamente agradável. Nosso córtex visual, grande em proporção ao restante do cérebro, vive em busca de novidades e novas experiências. Nossos olhos mostram amor e compaixão, medo e desdém. Olhos acolhedores ou alegres podem nos fazer ganhar o dia. Mas os olhos também podem informar que algo está errado, que há preocupações ou aflições. Podem dominar uma sala ou se esconder em uma multidão de desconhecidos. Nós os adornamos para atrair outros olhares e os desviamos para evitá-los. Em geral, são a primeira coisa que notamos nas outras pessoas, e é por isso que, quando um bebê nasce, passamos tanto tempo fitando os olhos dele. Talvez porque realmente sejam as janelas da alma.

36. Dilatação da pupila

Quando estamos confortáveis ou gostamos de algo ou alguém que encontramos, nossas pupilas se dilatam. Não temos controle sobre isso. Quando um casal está à vontade, um ao lado do outro, suas pupilas se dilatam enquanto os olhos tentam absorver o máximo de luz possível. Restaurantes pouco iluminados são um bom lugar para se reunir, pois a pouca luminosidade naturalmente suaviza os olhos e aumenta as pupilas – um efeito que nos faz relaxar ainda mais na companhia dos outros.

37. Constrição da pupila

As pupilas se contraem quando vemos algo de que não gostamos ou somos tomados por emoções negativas. É algo mais fácil de detectar em olhos claros. Uma pupila que se encolhe subitamente, ficando pequena como uma ponta de alfinete, sugere que algo negativo acabou de acontecer. Curiosamente, o cérebro controla essa atividade para garantir que os olhos estejam focados em momentos de angústia, pois quanto menor a abertura, maior a claridade. É por isso que semicerrar os olhos melhora o foco.

38. Olhos relaxados

Sinalizam conforto e confiança. Quando estamos à vontade, os músculos ao redor dos olhos, da testa e das bochechas relaxam – mas, no minuto em que ficamos estressados ou algo nos incomoda, eles se tensionam. Os bebês exibem esse comportamento de modo bastante impressionante, pois seus músculos faciais se contraem pouco antes de começarem a chorar. Ao interpretar qualquer comportamento de linguagem corporal, sempre repare nos olhos da pessoa para confirmar uma suspeita. Se as órbitas oculares parecerem relaxadas, as chances são de que tudo esteja bem. Se houver tensão ao redor dos olhos ou um súbito estrabismo, a pessoa está concentrada ou talvez estressada. Os músculos dos olhos e o tecido circundante reagem aos estressores muito mais rapidamente do que outros músculos faciais, oferecendo uma perspectiva quase imediata do estado mental de uma pessoa.

39. Estreitamento da órbita ocular
Quando nos sentimos estressados, chateados, ameaçados ou experimentamos outras emoções negativas, as órbitas dos olhos se estreitam devido à contração dos músculos subjacentes. É uma resposta cerebral à apreensão, preocupação ou dúvida, e um indicador de que há algo errado.

40. Tremor sob os olhos
Os minúsculos músculos imediatamente abaixo dos olhos (a parte inferior do orbicular) e logo acima das maçãs do rosto, bem como o tecido circundante, podem ser muito sensíveis ao estresse. Quando há preocupação, ansiedade ou medo, essas áreas macias estremecem ou sofrem pequenos espasmos, revelando o verdadeiro estado emocional da pessoa.

41. Média de piscadas
A frequência com que piscamos varia em função do ambiente e do nível de estresse ou agitação. O número é diferente para cada pessoa, mas a média fica entre 16 e 20 piscadas por minuto, dependendo das condições de iluminação e umidade. As pessoas que olham para telas de computador por longos períodos piscam menos

(muitas se queixam de olhos secos ou infecções oculares, já que as lágrimas têm propriedades antibacterianas), enquanto aquelas que trabalham onde há poeira ou pólen piscam mais. O uso de lentes de contato pode aumentar a frequência com que piscamos. Quando estamos perto de alguém que nos excita, costumamos piscar com mais frequência.

42. Piscar com frequência
Pessoas nervosas, tensas ou estressadas em geral piscam mais depressa do que aquelas que estão relaxadas. O piscar frequente costuma ser associado à mentira, mas trata-se de um equívoco: é apenas indicativo de estresse ou outras emoções negativas. Até mesmo uma pessoa honesta pisca com mais frequência ao ser questionada de maneira agressiva.

43. Contato visual
O contato visual é regido por normas culturais e preferências pessoais. Em algumas culturas é permitido olhar para alguém por três a quatro segundos, enquanto em outras qualquer tempo além de dois segundos é considerado rude. A cultura também determina quem pode olhar para quem. Mesmo nos Estados Unidos, há variações culturais dependendo da região. Na cidade de Nova York, olhar para alguém por mais de um segundo e meio pode ser considerado uma afronta. Grupos étnicos e culturais têm suas próprias normas. Por exemplo: muitas crianças afro-americanas e hispânicas são ensinadas a olhar para baixo quando conversam com os mais velhos, como forma de respeito.

44. Evitar contato visual

É algo que fazemos quando é inconveniente falar com alguém ou quando achamos uma pessoa desagradável, ofensiva ou opressiva. Na prisão, por exemplo, os presos evitam contato visual com carcereiros ou outros presos conhecidos pela agressividade. Desviar o olhar pode ser uma atitude breve (quando alguém perto de nós faz algo embaraçoso) ou duradoura. Nos Estados Unidos, ao contrário de em outras partes do mundo, quando estamos próximos uns dos outros, como em um elevador, tendemos a evitar contato visual com estranhos e mesmo com aqueles que conhecemos, principalmente se houver desconhecidos presentes. Evitar o olhar não é indicativo de mentira, mas pode sinalizar vergonha ou constrangimento.

45. Superioridade do olhar

Em todo o mundo, estudos mostraram que indivíduos de status elevado fazem mais contato visual enquanto falam e ouvem. Pessoas menos poderosas tendem a fazer mais contato visual com esses indivíduos de status mais alto enquanto ouvem, mas menos enquanto falam. No Japão, assim como em outros países asiáticos na região do Pacífico, essa característica é ainda mais pronunciada. Vale dizer que tendemos a favorecer as pessoas que fazem contato visual direto conosco, especialmente se estiverem acima de nós. Se indivíduos de alto status social, como astros de cinema, fazem contato visual conosco, nos sentimos favorecidos.

46. Buscar contato visual
Quando estamos interessados em iniciar uma conversa, seja em um ambiente social ou de paquera, varremos ativamente a área com os olhos até fazermos um contato visual que expresse: "Estou aqui. Por favor, fale comigo."

47. Olhar e sentimentos
Em todo o mundo, aqueles que estudam dicas de paquera notaram que, muitas vezes, a primeira pista de que o sentimento entre duas pessoas mudou é o jeito como se olham. Muito antes de trocar palavras, o olhar de interesse crescente mostra que o relacionamento está caminhando de amigável para algo mais íntimo. A forma com que Julie Andrews (Maria) mudou a maneira de olhar para Christopher Plummer (Capitão Von Trapp) no filme *A noviça rebelde* ou como Emma Stone (Mia) passou a olhar para o personagem de Ryan Gosling (Sebastian) em *La La Land* ilustram como o olhar reflete nossa mudança de sentimento antes de nossas palavras. Isso ocorre na vida real tal qual nos filmes.

48. Olhar envolvente
Destina-se a chamar a atenção de outra pessoa de maneira calorosa ou romântica. O que o destaca é a suavidade do rosto e as repetidas tentativas de se conectar, olho no olho, sempre com delicadeza. É um comportamento comum em ambientes de paquera, quando o olhar informa à outra pessoa que você está interessado em uma aproximação maior. Já vi desconhecidos lançarem olhares envolventes em espaços amplos para comunicar seus anseios.

49. Olhar *versus* encarar
Há uma grande diferença entre olhar para alguém e encarar alguém. O olhar fixo tende a ser mais impessoal, distante ou conflituoso, sinalizando que estamos diante de alguém suspeito, perigoso ou desconhecido. Por outro lado, o mero olhar sinaliza que encontramos conforto em alguém – um comportamento muito mais agradável. Quando encaramos, estamos em alerta; quando olhamos, estamos intrigados, até acolhedores. Encarar pode desencadear ofensas, especialmente em locais onde há aglomerações, como ônibus ou metrô.

50. Olhos fechados
Durante uma reunião, alguém que fecha os olhos e permanece assim por mais tempo do que o normal provavelmente está com problemas. É um *comportamento de bloqueio* que revela desagrado, preocupação ou descrença – alguma forma de desconforto psicológico. A demora excessiva para reabrir os olhos revela profunda preocupação. Em contrapartida, em um ambiente íntimo, os olhos fechados dizem: "Eu confio em você. Neste momento, estou bloqueando todo o restante e ativando meus outros sentidos." Mesmo crianças nascidas com deficiência visual cobrem os olhos quando ouvem algo perturbador ou desagradável.

51. Fechar os olhos para dar ênfase
Muitas vezes, quando queremos enfatizar algo ou concordar com o que ouvimos, fechamos os olhos brevemente. É uma forma de reafirmar nossa concordância com o que está sendo dito. No entanto, como ocorre com

todos os comportamentos, o contexto é fundamental para garantir que não seja um reflexo de desacordo.

52. Cobrir os olhos
Esse é um comportamento de bloqueio associado a um evento negativo, como a revelação de más notícias ou informações ameaçadoras. Também indica emoções negativas, preocupação ou desconfiança. Pessoas flagradas fazendo algo errado também podem cobrir os olhos. Como observei anteriormente, crianças com cegueira congênita também agem assim, embora não possam explicar por quê. Está claro que esse comportamento tem uma base evolutiva antiga.

53. Fechar os olhos, esfregar o alto do nariz
Executados simultaneamente, esses dois gestos transmitem preocupação. Trata-se de um comportamento de bloqueio e pacificador, geralmente associado a emoções negativas, antipatia, insegurança, apreensão ou ansiedade.

54. Chorar
O choro serve a uma variedade de propósitos pessoais e sociais, proporcionando muitas vezes uma catarse emocional. Infelizmente, as crianças também aprendem rápido que pode ser usado como ferramenta de manipulação, e alguns adultos não hesitam em fazer o mesmo. Quando observamos o comportamento de uma pessoa, não devemos dar ao choro mais peso do que a outros sinais de que ela está passando por dificuldades. Se for muito frequente, o choro também pode informar que alguém está clinicamente deprimido ou em sofrimento psicológico.

55. Chorar ao segurar objetos
Indivíduos que choram tocando um colar ou a gola da camisa, ou mesmo pressionando o pescoço, provavelmente estão passando por emoções negativas mais sérias do que uma pessoa que apenas chora.

56. Olhos arregalados
Arregalar os olhos repetidas vezes é um comportamento geralmente associado ao processamento de informações negativas, dúvidas, ansiedade, medo ou preocupação. Avalie essa ação em conjunto com outras informações, como tensão facial ou retração do queixo (veja o verbete 184), para obter uma avaliação mais precisa. Deve-se notar que algumas pessoas arregalam os olhos enquanto analisam uma situação, consideram opções ou pensam em soluções. Esse comportamento por si só não é indicativo de que a pessoa esteja mentindo.

57. Pistas visuais
Enquanto processamos um pensamento, uma emoção ou uma pergunta que nos é feita, tendemos a olhar lateralmente, para baixo ou para cima e para o lado. Isso é conhecido na literatura científica como movimento lateral conjugado dos olhos (CLEM, na sigla em inglês). Existia um mito, hoje derrubado por mais de vinte estudos, de que uma pessoa olhando para longe ou para o lado enquanto responde a uma pergunta estaria mentindo. Tudo que podemos dizer quando alguém olha em determinada direção enquanto processa uma pergunta ou responde a ela é que está pensando – isso não é, por si só, um indicativo de mentira.

58. Tremor nas pálpebras

A vibração repentina das pálpebras sugere que há algo errado ou que uma pessoa está lidando com alguma questão (pense na atuação do astro Hugh Grant, que pisca rápida e repetidamente quando está em apuros ou constrangido). Muitas pessoas reagem assim enquanto tentam encontrar a palavra certa ou quando não conseguem acreditar no que acabaram de ouvir. A incredulidade frequentemente se traduz em tremor nas pálpebras.

59. Indicar o próprio olho

Em algumas culturas, usar o indicador para tocar o rosto logo abaixo do olho comunica dúvida ou suspeita. Mas muitas pessoas, em todas as culturas, também reproduzem o gesto de modo subconsciente, na forma de um leve movimento de coçar, enquanto ponderam ou questionam algo que está sendo dito. Se estiver no exterior e vir esse gesto, pergunte aos habitantes locais se significa algo especial. Na Romênia, me disseram que o dedo sob o olho era um sinal frequentemente usado para recomendar cautela porque nem todos no grupo eram confiáveis.

60. Indicar o olho, combinado a outros movimentos

Colocar o dedo indicador logo abaixo do olho e, ao mesmo tempo, arquear as sobrancelhas e comprimir os lábios transmite dúvida, perplexidade ou incredulidade. É especialmente preciso se o queixo estiver recuado em vez de projetado para fora.

61. Revirar os olhos
É um gesto que comunica desprezo, desacordo ou antipatia. Os filhos muitas vezes fazem isso para expressar desdém ou rebeldia. Não é um gesto admitido em ambientes profissionais.

62. Tocar as pálpebras
Serve tanto para cobrir os olhos quanto para aliviar a tensão. Muitas vezes, quando alguém diz algo inapropriado, as pessoas fecham os olhos e tocam ou coçam as pálpebras – portanto é um indicador para ficar atento. É comum entre políticos, quando um fala algo errado e o outro percebe.

63. Olhos cansados
A fadiga geralmente transparece primeiro nos olhos e na área ao redor deles. Observe que ficam tensos, inchados, desgastados e até opacos. Entre as causas possíveis estão longas jornadas de trabalho, estresse ou choro.

64. Olhar distante
Quando sozinhos, ou mesmo conversando com outras pessoas, olhar para longe e evitar distrações permite que alguns indivíduos pensem ou contemplem de modo mais eficaz. Pode ser um sinal para não interromper alguém mergulhado em pensamentos ou lembranças.

65. Olhos vidrados
Muitas coisas podem fazer com que os olhos pareçam vidrados, incluindo drogas, como maconha e álcool, ou substâncias mais perigosas. Ao avaliar se uma pessoa es-

tá sob a influência de drogas ou álcool, um observador deve levar em consideração outros comportamentos, como fala arrastada ou lentidão para responder.

66. Olhar de soslaio
Olhar de lado frequentemente expressa dúvida, relutância em se comprometer, desrespeito, suspeita ou até mesmo desprezo. É um olhar universal que reflete desconfiança, preocupação ou incredulidade.

67. Olhar para o teto ou o céu
Esse olhar dramático, com a cabeça inclinada para trás, costuma se manifestar quando as coisas parecem impossíveis ou uma pessoa teve azar em algo. Vemos isso nos esportes – quando um atacante erra um gol, por exemplo. É um olhar de incredulidade, como se a pessoa implorasse a alguém do alto que a ajudasse ou se compadecesse dela. Esse gesto tem alguma utilidade: o estresse causa tensão no pescoço e olhar para cima ajuda a aliviá-lo, alongando os músculos esternocleidomastóideos.

68. Olhar em busca de aceitação
Quando os indivíduos não têm confiança ou mentem, eles tendem a analisar cuidadosamente o rosto de seus interlocutores para checar se foram críveis. Esse comportamento não é necessariamente uma demonstração de logro, mas apenas de busca de aceitação para o que é dito. Uma regra prática: quem conta a verdade apenas informa, enquanto o mentiroso, muitas vezes, tenta convencer.

69. Olhos baixos

Esse gesto é diferente de evitar o olhar, pois o indivíduo não quebra o contato visual, mas mostra deferência, piedade, humildade ou contrição baixando levemente os olhos para que o contato visual não seja direto ou intenso. Esse gesto geralmente tem base cultural, e o vemos com frequência entre crianças ensinadas a não olhar para os mais velhos ou para figuras de autoridade quando estão sendo advertidas. Crianças negras e latinas muitas vezes são ensinadas a olhar para baixo como forma de respeito, o que sob nenhuma circunstância deve ser confundido com dissimulação. No Japão é rude olhar fixamente nos olhos de alguém que você acaba de conhecer; no mínimo, as pálpebras devem ser abaixadas por deferência social.

70. Olhos tristes

Os olhos parecem tristes, desanimados ou deprimidos quando as pálpebras superiores têm aspecto caído, sem energia. Essa mesma aparência também pode ser fruto de fadiga.

71. Olhar para longe

Desviar o olhar durante uma conversa deve ser entendido em seu contexto. Quando há conforto psicológico, como ao falarmos com amigos, podemos nos sentir relaxados o suficiente para desviar o olhar enquanto contamos uma história ou nos lembramos de algo do passado. Muitas pessoas acham que desviar o olhar as ajuda a se lembrar de detalhes. Não é um indício de engano ou mentira.

72. Olhar longo
Nas conversas, o silêncio é muitas vezes acompanhado por um olhar longo, dirigido a alguém ou a algo distante. Apenas indica que a pessoa está refletindo profundamente ou processando informações.

73. Cerrar os olhos
Essa é uma maneira fácil de registrar desagrado ou preocupação, especialmente quando ouvimos ou vemos algo de que não gostamos. Algumas pessoas fecham os olhos sempre que ouvem algo incômodo, e isso se torna um reflexo preciso de seus sentimentos. Mas lembre-se de que também fazemos isso quando estamos focando em algo ou tentando dar sentido ao que ouvimos. O contexto é crucial para interpretar esse comportamento.

74. Semicerrar os olhos
Muitas vezes, quando tentamos controlar a raiva, fechamos os olhos ligeiramente, mantendo as pálpebras abaixadas. Esse gesto (estreitamento dos olhos) deve ser analisado em conjunto com outros, como tensão facial ou, em circunstâncias extremas, punho cerrado.

75. Encarar agressivamente
Um olhar pode intimidar ou ser o prelúdio de uma briga. A agressão é sinalizada pelo foco do olhar, quase como um raio laser, pela tentativa de desviar os olhos ou mesmo pelo piscar. Curiosamente, outros primatas também agem assim ao observarem comportamentos que não são tolerados, ou quando estão prestes a se envolver em um confronto físico.

76. Olhar de raiva
A raiva geralmente se traduz em uma constelação de sinais faciais, começando com o estreitamento dos olhos perto do nariz (assim: > <). O nariz, por sua vez, se enruga, ou as narinas se dilatam. Por fim, pode ocorrer o recuo dos lábios, revelando os dentes cerrados.

77. Olhos arregalados e parados
Olhos que permanecem arregalados em geral indicam estresse, surpresa, medo ou um problema significativo. Se continuarem "parados" por mais tempo do que o normal, definitivamente há algo errado. A causa costuma ser um estímulo externo.

78. Enfeitar os olhos
Desde o Egito antigo, mulheres e homens em todo o mundo enfeitam os olhos com uma variedade de cores e traços para se tornarem mais atraentes. Usando tintas, corantes, minerais e óleos, fizeram disso um elemento importante de suas tradições culturais, que chegou à nossa sociedade moderna por um motivo: funciona. Somos atraídos pelos olhos, ainda mais quando estão pintados. Também somos atraídos por cílios longos e espessos – algo que principalmente as mulheres, mas também alguns homens, acentuam para aumentar seu poder de sedução.

Orelhas

Bonitas, pequenas, caídas, deformadas, grandes, furadas, enfeitadas. Nossas orelhas se destacam e servem a algumas funções práticas óbvias, de coletar informações por meio de ondas sonoras a nos ajudar a dissipar o calor. Mas elas têm outras utilidades menos evidentes e podem proporcionar uma comunicação não verbal bastante significativa. Sabemos, pelas pesquisas, que nos estágios iniciais de um relacionamento o casal passa tempo estudando as orelhas um do outro – seu formato, como respondem ao toque e até às emoções. As orelhas comunicam muito mais do que pensamos e de maneiras bastante surpreendentes.

79. Puxar ou massagear o lóbulo da orelha
Esse gesto tende a exercer um efeito sutil e calmante quando estamos estressados ou apenas contemplando algo que nos intriga. Também associo a fricção do lóbulo a dúvida, hesitação ou a ponderar opções. Em algumas culturas, significa que uma pessoa tem reservas ou dúvidas sobre o que está sendo dito. O ator Humphrey Bogart era famoso por brincar com o lóbulo da orelha enquanto refletia.

80. Rubor ou vermelhidão nas orelhas

Rubor repentino e perceptível nas orelhas, como em outras partes do corpo (rosto, pescoço), pode ser causado por raiva, vergonha, alterações hormonais, reações a medicamentos ou exaltação por medo ou ansiedade. A pele que cobre a orelha fica rosada, vermelha ou arroxeada. Ela também pode ficar quente ao toque. O simples fato de alguém invadir seu espaço pessoal pode causar essa reação. A maioria das pessoas não tem controle sobre o rubor da pele (hiperemia), e para alguns é algo muito embaraçoso.

81. Inclinar a orelha

Virar ou inclinar a orelha na direção do interlocutor indica que estamos ouvindo atentamente, queremos que algo seja repetido ou estamos com dificuldade de escutar. Isso pode ser seguido do gesto de mãos em concha sobre a orelha para literalmente coletar mais som. Na paquera, permitimos que a pessoa de quem gostamos se aproxime do nosso ouvido, sobretudo se nos inclinamos na direção dela.

82. Escutar

A escuta ativa é uma forma de comunicação não verbal essencial em ambientes profissionais e pessoais. Ela informa que estamos interessados, receptivos ou empáticos. Bons ouvintes cedem sua vez, esperam para falar e são pacientes quando os outros estão falando. Para agir assim, precisamos estar de frente para a pessoa que desejamos escutar, de modo que ambos os ouvidos recebam a mensagem.

83. Enfeitar as orelhas

Existem várias maneiras de decorar, deformar, perfurar, colorir ou alterar a aparência natural das orelhas para se adequar às normas culturais. Essa ornamentação serve a um propósito claro: comunicar status social, disponibilidade romântica ou pertencimento a um grupo, proporcionando uma visão muito precisa de origem, ocupação, herança ou personalidade.

84. Orelhas cicatrizadas

Calor, produtos químicos ou trauma podem danificar a cartilagem e o tecido da orelha. Jogadores de rúgbi, lutadores e judocas muitas vezes têm orelhas com deformações, as chamadas "orelhas de couve-flor".

Nariz

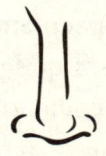

Ao nascer, todos os mamíferos procuram o leite da mãe, o que lhes permite sobreviver, e usam o olfato para isso. À medida que nós, seres humanos, crescemos, o nariz continua nos ajudando a encontrar a comida de que gostamos e a nos manter seguros, avisando-nos de alimentos que estão podres ou de odores que nos fariam mal, além de ajudar a filtrar o ar que vai para nossos pulmões. Em termos de romance e intimidade, ele capta os feromônios e favorece aproximações, enquanto decidimos subconscientemente se gostamos ou não de uma pessoa. Podemos furar o nariz ou remoldá-lo, por questões culturais, para ficar mais fino, mais largo, menos curvado, menor. Os músculos que cobrem e cercam essa parte do corpo são tão sensíveis que, quando não gostamos do que cheiramos, eles se contraem de imediato, franzindo o nariz para revelar nosso desgosto. O nariz nos distingue fisicamente dos outros, nos protege de substâncias químicas e bactérias nocivas e, como você verá, é essencial para a comunicação e para compreender nossos interlocutores.

85. Cobrir o nariz com as mãos
Cobrir de uma só vez o nariz e a boca com as mãos está associado a choque, surpresa, insegurança, medo, dúvida ou apreensão. Testemunhamos isso em eventos trágicos, como acidentes de carro e desastres naturais, bem como quando alguém recebe notícias terríveis. Psicólogos evolucionistas especulam que esse comportamento tenha se adaptado para que predadores, como leões ou hienas, não nos ouvissem respirar. É uma reação que ocorre universalmente.

86. Nariz enrugado (nojo)
O gesto ou sinal de nojo geralmente envolve o nariz enrugado (também conhecido como "nariz de coelho"), que é quando a pele se contrai junto com o músculo subjacente (o nasal), muito sensível a emoções negativas. Várias vezes, esse gesto fará os cantos dos olhos próximos ao nariz também se estreitarem. A partir dos três meses, ou até mais cedo, os bebês franzem o nariz quando sentem o cheiro de coisas de que não gostam, característica que permanece conosco por toda a vida. Quando cheiramos, ouvimos ou apenas vemos algo desagradável, o músculo nasal se contrai involuntariamente, revelando nossos verdadeiros sentimentos.

87. Nariz enrugado unilateralmente
Já vimos que enrugar ou franzir o nariz é um indicador preciso de antipatia ou desprazer e geralmente envolve ambos os lados do nariz. No entanto, existem pessoas em que isso ocorre apenas em um lado. À medida que os músculos do nariz são puxados para cima, enrugando

apenas um lado, eles também tendem a erguer o lábio superior desse lado do rosto. Algumas pessoas chamam isso de efeito Elvis. O significado é o mesmo: desagrado.

88. **Contração do nariz**
Esse comportamento é um pouco semelhante à exibição de desagrado anterior (veja o verbete 86), mas ocorre muito mais rápido, às vezes em menos de $\frac{1}{25}$ de segundo. Quando uma pessoa olha diretamente para alguém, o músculo do nariz se contrai rapidamente, enrugando-o – mas sem os olhos semicerrados sugerindo nojo. Esse comportamento é um atalho linguístico que pergunta, sem palavras, "O que está acontecendo?", "O que aconteceu?", "Do que você precisa?". É comum em todo o Caribe, incluindo Cuba, Porto Rico e República Dominicana, e, portanto, também ocorre em cidades dos Estados Unidos com grandes populações caribenhas, como Miami e Nova York. No Aeroporto Internacional de Miami, sou frequentemente recebido no balcão do café com essa contração do nariz, que significa "Como posso servi-lo?". Se fizerem esse gesto para você, basta anunciar o seu pedido.

89. **Dedo indicador no nariz**
Colocar o dedo indicador abaixo ou na lateral do nariz por um tempo costuma estar associado a reflexão ou preocupação. Procure outros sinais que ajudem a interpretar o que isso significa. Esse comportamento é diferente de passar a mão no nariz furtivamente (veja o verbete 95) ou acariciar o nariz, pois neste caso aqui o dedo permanece nessa parte do rosto por mais tempo.

90. Esfregar o nariz com o dedo indicador
Esse comportamento está associado a estresse ou desconforto psicológico, embora também ocorra quando alguém está pensando em algo duvidoso ou questionável.

91. Erguer o nariz
Elevar o nariz – por meio de uma inclinação intencional da cabeça, apontando-o para cima – indica confiança, arrogância ou mesmo indignação. É uma exibição cultural em alguns países e sociedades. Pode sinalizar superioridade, como quando indivíduos em cargos de poder reafirmam seu status no início de uma reunião. O ditador italiano Mussolini era famoso por fazer isso, bem como o general francês Charles de Gaulle e os guardas cerimoniais do Kremlin.

92. Tocar o nariz para sinalizar algo
Em muitas culturas, uma batidinha muito visível no nariz com o dedo indicador pode significar "Isso fede", "Eu não confio em você", "Eu questiono isso" ou "Estou observando você com muito cuidado". Também pode ter o sentido de "Notei você", "Você é muito inteligente" ou "Eu sei quem você é" (Paul Newman e Robert Redford fazem isso um com o outro no filme *Golpe de mestre*).

93. Dilatar as narinas
Costumamos abrir as narinas (asas nasais) como preparo para algum esforço físico. Pessoas que estão chateadas, que sentem que precisam se levantar ou sair correndo ou que estão prestes a agir com violência abrem as narinas enquanto se oxigenam. Num contexto policial, pode

sinalizar que um indivíduo está prestes a fugir. Nas relações sociais, é um bom indicador de que a pessoa precisa de um momento para se acalmar.

94. Cutucar o filtro labial
A área sulcada logo acima do lábio superior e abaixo do nariz é o filtro labial. As pessoas puxam ou arranham essa área quando estão estressadas – às vezes com bastante energia. O filtro labial também é revelador de outras maneiras – o suor tende a se acumular ali em situações de estresse. Muita gente coloca a língua entre os dentes e a parte interna do filtro, empurrando-o para fora. Estimular essa área com a língua é um comportamento pacificador facilmente identificável.

95. Toque furtivo no nariz
É um comportamento pacificador de esfregar o nariz levemente com o dedo indicador. Pode revelar uma tensão que está sendo mascarada e a necessidade de transmitir a ideia de que está tudo bem. É frequente em profissionais acostumados a estar no controle, mas que estão vivenciando algum estresse no momento do gesto. Também é comum em jogadores de pôquer tentando esconder uma mão fraca.

96. Inspiração rápida
Muitas pessoas, quando estão prestes a dar notícias ruins ou desagradáveis, inalam rapidamente pelo nariz, de maneira ruidosa, antes de falar. Também já vi fazerem isso quando ouvem uma pergunta que as incomoda e, em alguns casos, antes de mentir. Os pelos e os nervos do nariz

são muito sensíveis à umidade, bem como ao movimento do ar e ao toque. A inspiração rápida estimula os pelos e as terminações nervosas conectadas, o que parece mitigar momentaneamente o estresse de ter que dizer ou revelar algo preocupante.

Boca

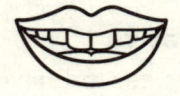

Pela boca comemos, respiramos, bebemos, formamos e pronunciamos as palavras. Altamente sensível ao toque e à temperatura, a boca é cercada por mais de dez músculos reflexivos que não apenas reagem ao toque, mas também mostram nossos pensamentos e sentimentos. Pode ser sedutora ou triste, alegre ou sofrida – e registra de imediato e com precisão quando uma emoção dá lugar a outra. Depois de examinar os olhos em busca de informações, é aqui que procuramos sinais adicionais sobre o que está na mente do nosso interlocutor.

97. Expiração audível e curta
Esse tipo de expiração, em que os lábios ficam ligeiramente abertos, indica alto nível de estresse ou frustração. É um comportamento típico de quem ouve más notícias ou está diante de uma situação difícil. Ajuda a aliviar o estresse, especialmente na hora da raiva.

98. **Exalação catártica**
　　Exalar com bochechas inchadas e lábios em um bico indica que há estresse, ou que já passou. É comum quando um teste ou uma entrevista termina ou após um quase acidente. Essa expiração é muito audível e leva mais tempo para ser executada do que a versão do verbete anterior.

99. **Inspiração afirmativa**
　　Comum em países escandinavos, em partes do Reino Unido e na Irlanda, a inspiração audível e repentina que produz um som distinto significa "Sim, eu concordo". É um atalho linguístico, pois dispensa palavras. A pessoa inala rapidamente e alto o bastante, como se estivesse com falta de ar. Certa vez, depois de um passeio de carro na Suécia, quando perguntei se havíamos chegado, o motorista fez uma inspiração afirmativa – e só.

100. **Sugar o ar pelos cantos da boca**
　　Esse comportamento é visto *e* ouvido. Os cantos da boca se abrem de leve e o ar é logo inalado, produzindo um som de sucção. É extremamente confiável no que revela: medo, preocupação ou ansiedade. Manter a maior parte da boca fechada significa que a pessoa está restringindo o movimento dos lábios, uma ação que sugere estresse e, em alguns casos, dor, como quando alguém pisa forte no seu pé.

101. **Segurar a respiração**
　　Os polígrafos sabem bem disso: quando estressadas, as pessoas têm o impulso de prender o ar para conter a respiração nervosa. Muitas vezes, até precisam ser

instruídas a respirar. Prender a respiração faz parte da resposta *congelar, fugir, lutar.* Se você vir alguém restringindo a respiração ou prendendo o ar quando lhe fizerem uma pergunta, ela provavelmente está com medo ou apreensiva.

102. Boca seca

Estresse, medo e apreensão podem fazer com que nossa boca seque (o termo clínico para isso é xerostomia). Alguns medicamentos, bem como drogas ilícitas, também podem causar esse sintoma. A boca seca não é, como alguns acreditam, indício de mentira. No entanto, pode indicar que alguém está estressado ou ansioso.

103. Bolhas de saliva

A boca seca devido a estresse, medicação ou doença pode fazer com que a saliva fique seca e grumosa. Esses aglomerados (que parecem pedacinhos de algodão) tendem a se acumular nos cantos da boca. Às vezes são perceptíveis em palestrantes que estão nervosos. É algo bastante desagradável. Se você está tenso, é um bom hábito limpar os cantos da boca para evitar bolhas de saliva. Também procure beber água.

104. Mascar chiclete

Está aí um pacificador eficaz. A mastigação vigorosa sinaliza preocupação ou ansiedade. Algumas pessoas, quando estressadas, mastigam rapidamente, por hábito, mesmo que não tenham chiclete na boca.

105. Tiques vocais
A projeção vocal repentina de ruídos, cliques, gorjeios ou pigarros pode ser alarmante para quem não está familiarizado com a síndrome de Tourette e outros distúrbios. Estresse e ansiedade podem catalisar crises de Tourette, e não há nada a fazer senão reconhecer que isso está fora do controle da pessoa. Também não é incomum ver os braços se moverem de forma estabanada. Nesses momentos, o melhor é encorajar os outros a não olharem, pois isso constrange a pessoa com ST.

106. Morder a língua
Alguns indivíduos sob estresse mordem a língua ou a parte interna das bochechas para se acalmar, o que pode se tornar um tique nervoso. A língua fica ferida ou até ulcerada em alguns lugares. Em situações de maior tensão, o comportamento se intensifica de maneira natural. Infelizmente, morder a língua e a bochecha, como puxar o cabelo com frequência, pode se tornar patológico.

107. Retesar a boca
Quando estamos com medo ou achamos que cometemos um erro, muitas vezes nos percebemos expondo involuntariamente a fileira inferior de dentes cerrados, pois os cantos da boca se esticam para baixo e para o lado. Isso é frequente quando nos damos conta de que esquecemos de trazer algo importante.

108. Bocejar
É um pacificador excelente, pois alivia o estresse reprimido estimulando os nervos da mandíbula, mais espe-

cificamente a articulação temporomandibular. Também foi descoberto que o ar que entra depressa quando bocejamos esfria o sangue que circula no palato e, como um radiador de carro, o sangue a caminho do cérebro. Bocejar pode indicar que alguém está com muito calor ou, como muitas vezes descobri em interrogatórios, que o interrogado estava muito estressado. Bebês superaquecidos também bocejam com maior frequência enquanto dormem, pois isso os ajuda a se refrescar.

109. Fumar
As pessoas que fumam o fazem com mais frequência sob estresse. Mudanças na rotina de fumar são pistas do nível de estresse: a pessoa pode estar tão tensa que perde a conta de quantos cigarros acendeu. Fumar em excesso também causa manchas de tabaco nos dedos e, claro, mau cheiro nas mãos.

110. Comer demais
Sob estresse, algumas pessoas exageram na comida, às vezes indo muito além da sua ingestão normal de alimentos. Durante um jogo de futebol, vi torcedores consumirem grandes quantidades de comida, a ponto de passarem mal. Eles transferiram sua ansiedade em relação ao time para o apetite.

111. Língua na bochecha
Empurrar a língua firmemente contra uma bochecha e mantê-la ali serve para aliviar a tensão. Isso é visto com mais frequência em indivíduos que enfrentam alto estresse, escondem informações ou que estão tentando se

safar de algo. Também é um gesto de pessoas brincalhonas ou atrevidas.

112. Projetar a língua
Quando a língua se projeta subitamente entre os dentes, às vezes sem tocar os lábios, significa "Escapei dessa" ou "Ops, fui pego". Você também vê isso quando a pessoa percebe que está cometendo um erro. A projeção da língua é universal e uma pista consistente, indicando ou que você se deu bem em alguma situação, ou foi flagrado numa grande mentira.

113. Quando a língua serve para insultar
Em quase todas as culturas, pôr a língua para fora funciona como um insulto, uma demonstração de desagrado ou antipatia. As crianças usam essa técnica desde muito cedo quando querem insultar umas às outras. Guerreiros das ilhas do Pacífico, como os maoris, colocam a língua dramaticamente para fora e para baixo como forma de intimidar e ofender. Juntamente com os olhos muito arregalados, a língua para fora pode ser uma manifestação bastante intimidante, e até hoje faz parte das cerimônias maori *haka*.

114. Língua para fora
Ao realizar uma tarefa complexa, muitas pessoas colocam a língua para fora, geralmente para um lado ou para o outro, ou sobre o lábio inferior. Eu tinha um contador que fazia isso ao digitar na calculadora, e vejo esse gesto o tempo todo na universidade, quando os alunos estão fazendo provas. Posicionar a língua dessa forma serve a

dois propósitos: nos pacifica ao mesmo tempo que comunica aos outros que estamos concentrados e não devemos ser incomodados. Michael Jordan era conhecido por fazer isso durante os jogos de basquete: se ele estava com a língua para fora, em geral lá vinham dois pontos.

115. Pressionar a língua contra o palato

As pessoas pressionam a língua contra o céu da boca quando estão concentradas com alguma coisa. É um gesto comum em pessoas fazendo provas, preenchendo formulários, depois de perderem um arremesso de basquete ou quando precisam de conforto psicológico. A boca fica ligeiramente aberta, permitindo que o observador veja parte da língua.

116. Lamber os dentes

Assim como umedecer os lábios (veja o verbete 145), lambemos os dentes quando a boca está seca – geralmente por nervosismo, ansiedade ou medo. A fricção da língua nos dentes e/ou gengivas é um apaziguador de estresse universal, bem como um sinal potencial de desidratação. Quando esse gesto é feito com a boca fechada, você pode ver o caminho da língua pelos dentes sob os lábios.

117. Mover a língua com a boca fechada

Para aliviar o estresse, algumas pessoas movem a língua para a frente e para trás, de canto a canto da boca (perceptível através das bochechas) em antecipação nervosa ou sinal de preocupação. Quase sempre pensam que não estão sendo notadas ou que o significado desse comportamento é indecifrável.

118. Bater as unhas nos dentes
É um movimento que libera o estresse. Pessoas que fazem isso repetidamente buscam se acalmar porque estão ansiosas com alguma coisa. No entanto, lembre-se de que, como em todos os comportamentos repetitivos, se alguém faz isso o tempo todo, esse é o comportamento "normal" e deve ser ignorado – pode ser mais significativo quando a pessoa parar de fazer.

119. Mostrar os dentes
Às vezes, as pessoas retraem os cantos da boca e mantêm essa fisionomia com os dentes cerrados à mostra. Esse é um "sorriso de medo", muito semelhante ao que os chimpanzés exibem quando temem um macho dominante. Nós, humanos, tendemos a mostrar os dentes dessa maneira quando somos pegos fazendo algo condenável. Esse comportamento pode estar associado a um arquear das sobrancelhas.

120. Bater os dentes
Quando estressadas, entediadas ou frustradas, algumas pessoas mexem levemente a mandíbula e batem os caninos, favorecendo um lado da boca ou o outro. Isso envia ao cérebro sinais repetitivos que ajudam a acalmar.

121. Tom de voz
O tom de nossa voz pode deixar as pessoas confortáveis ou desafiá-las. É possível usá-lo para alterar ou melhorar a forma como somos percebidos: dependendo do tom de voz, você pode soar gentil, doce, amoroso e inteligente – ou desconfiado, indignado e arrogante. Ironicamente,

se quiser chamar a atenção das pessoas, falar mais baixo funcionará melhor. Uma voz mais suave também é reconfortante, como atestará qualquer pai ou mãe que tenha colocado o filho para dormir.

122. Voz estridente
Quando estamos nervosos ou inseguros, nossa voz tende a ficar estridente. Isso é causado pela tensão das cordas vocais.

123. Entonação crescente
É quando alguém faz uma inflexão do tom da voz no final de uma frase afirmativa, como se fosse uma pergunta. Estudos mostram que mesmo uma única ocorrência de entonação crescente no telefone pode impactar negativamente a impressão do ouvinte sobre o falante. Embora seja popular entre muitos jovens, isso os faz parecer hesitantes e sem confiança.

124. Gagueira
Alguns indivíduos gaguejam patologicamente (repetindo sílabas enquanto falam), algo que pode ser bastante debilitante, como no caso do rei George VI da Inglaterra, interpretado por Colin Firth no filme *O discurso do rei* (2010). Mesmo quem não padece dessa condição, porém, pode gaguejar em situações de forte estresse ou ansiedade.

125. Demorar para responder
Muita gente acredita, equivocadamente, que a demora em responder a uma pergunta sinaliza que uma pessoa

está mentindo ou ganhando tempo na tentativa de criar uma resposta confiável. Infelizmente, tanto o honesto quanto o desonesto podem demorar para responder, mas por razões diferentes. O culpado pode, de fato, procurar o que dizer, enquanto o inocente pensa na melhor forma de dizê-lo. Na minha experiência, demorar para responder é um indicativo, mas não necessariamente de que a pessoa esteja mentindo. Em algumas culturas – por exemplo, entre muitos povos originários americanos –, a demora não é incomum, pois a pessoa contempla a complexidade e as nuances de uma pergunta. Estresse ou fadiga também podem nos tornar lentos na resposta. Uma investigação formal é outro exemplo de situação cuja seriedade pode nos levar a essa demora.

126. Ficar em silêncio

Um silêncio prolongado, ou mesmo apenas contemplativo, pode dizer muito. Às vezes, quando não conseguimos nos lembrar de uma informação ou estamos contemplando alguma coisa, o silêncio não é intencional. Mas outras vezes é repleto de intenções, como quando um negociador fica temporariamente calado para obrigar a outra parte a preencher o vazio. O silêncio pode ser usado para comunicar que a pessoa está refletindo, lembrando algo ou se recompondo de uma surpresa. Grandes atores o usam com eficácia, assim como entrevistadores.

127. Silenciar e congelar a resposta

Quando uma pessoa fica em silêncio e para de se mexer ou sofre alterações na respiração ao ouvir ou ver algo, fique atento. Essa é uma reação a algo negativo que a chocou ou a fez reavaliar o que sabe ou acredita.

128. Argumentos neutralizadores

Argumentar com o único propósito de interromper uma reunião ou conversa é uma técnica muito usada para quebrar uma linha de raciocínio. A interrupção repetitiva, e não as palavras usadas, é o código não verbal que distrai ou antagoniza nessa situação. Essa tática não aprofunda um diálogo nem fornece qualquer explicação; é claramente destinada a intimidar ou causar um "curto-circuito" emocional em alguém. Já vi isso acontecer muitas vezes em reuniões sindicais, quando os membros interrompem o orador.

129. Expressões catárticas

Em certas situações, chegamos perto de dizer uma palavra sem nunca o fazer. Pronunciamos "ó...!" ou "op...!" ou "pu...!", sem completar com mais nada. Tais enunciados são considerados não verbais porque não falamos as palavras em si, embora muitas vezes seja possível intuir seu significado. Nem sempre fazem sentido, principalmente para estrangeiros, mas nos ajudam a aliviar o estresse sem ofender ninguém.

130. Velocidade da fala

A rapidez com que falamos é um indicador não verbal importante. Em algumas partes dos Estados Unidos as pessoas falam muito devagar, enquanto em outras a fala é rápida e curta. Esses estilos revelam diversas informações sobre a personalidade dos falantes – de onde são, onde estudaram, etc. Mudanças no ritmo normal de fala de uma pessoa podem indicar estresse ou relutância em responder a uma pergunta delicada.

131. Conversa incessante
Todos nós conhecemos indivíduos que parecem nunca parar de falar. Eles podem simplesmente estar nervosos, ou ignorando os outros e focando apenas em si mesmos. O contexto é fundamental. No rescaldo de um acidente, uma pessoa pode divagar, falando sem pausa. Isso é causado pelo choque. Mas, em uma festa, o homem que fala demais está dando pistas de quem ele acha mais importante – e não é o interlocutor.

132. Fala incongruente
Após um acidente ou um evento trágico, uma pessoa pode falar de modo incoerente. Isso é resultado do estresse e de uma sobrecarga no lado emocional do cérebro. Dependendo das circunstâncias, o comportamento pode durar horas ou até dias, como já se observou em soldados e refugiados vindos de zonas de combate.

133. Repetição de palavras
Sob forte estresse, as pessoas podem repetir palavras sem sentido muitas vezes, como se estivessem presas num loop. Esforços para fazê-las dizer outras coisas podem não funcionar. Certa vez, ouvi uma vítima de atropelamento repetir a palavra "metal" sem parar, com uma expressão de medo no rosto. Era tudo que ela conseguia falar.

134. Velocidade de resposta

Algumas pessoas demoram a responder a uma pergunta, começando, parando e continuando. Outros responderão antes que você termine de formular a pergunta. A velocidade indica como pensam e processam informações. Vale ressaltar que isso também depende do contexto cultural e da agilidade mental de cada um.

135. Comentários rápidos

Ao responder a uma pergunta, nem sempre é bom ser rápido. Quando uma pessoa se apressa em pedir desculpa, por exemplo, o pedido pode perder seu significado e parecer mecânico e artificial. Princípio semelhante se aplica a elogiar ou acolher. É nesses momentos que devemos dar tempo ao tempo. Acelerar o pedido de desculpa ou a acolhida sugere que há problemas, como ansiedade social, relutância ou falta de convicção. O elemento não verbal aqui é a velocidade da fala – é como se a pessoa passasse por cima do que é importante.

136. Sons para preencher o silêncio

Sons como "aaah", "hum", "hã" e hesitações ao falar podem indicar que as pessoas estão momentaneamente sem palavras, porém sentem que é necessário preencher o vazio de alguma forma. Os americanos são famosos por usar esses sons à medida que procuram o que dizer, tentam encontrar as palavras certas ou esperam enquanto relembram uma experiência. Por não serem palavras reais, são consideradas paralinguagem ou elementos não verbais.

137. Tosse ou pigarro
As pessoas costumam tossir ou pigarrear quando precisam responder a uma pergunta desafiadora ou lidar com alguma situação difícil. Observei que alguns indivíduos pigarreiam ou tossem ao mentir, mas isso não é um indicador confiável, pois os honestos também podem agir desse modo quando nervosos ou tensos.

138. Assobiar nervosamente
Assobiar é uma forma de exalação catártica (veja o verbete 98) e ajuda a aliviar o estresse. É um bom pacificador e, por isso, as pessoas tendem a fazê-lo quando viajam sozinhas por uma área escura ou desolada, ou quando se sentem solitárias. Em filmes e desenhos animados, personagens são frequentemente retratados assobiando enquanto caminham por um cemitério para afastar a apreensão.

139. "Tsc, tsc"
Esses ruídos de língua e dentes são usados em muitas sociedades para indicar desacordo, chamar a atenção para algo que está errado ou para constranger alguém. "Tsc, tsc" é o som produzido ao colocar a língua contra a parte de trás dos dentes da frente e o palato superior e, em seguida, inalar rapidamente para produzir um som agudo e rápido. Esse gesto em geral vem acompanhado de um movimento de dedo, indicando que uma transgressão ocorreu e foi notada. Pais costumam fazer "tsc, tsc" quando os filhos estão prestes a se comportar mal.

140. Rir

A risada é uma demonstração universal de diversão, felicidade e alegria. Quando rimos, sentimos menos estresse e ainda menos dor; na verdade, o ato de rir pode ter surgido como uma proteção evolutiva. Há, é claro, tipos diferentes de risada: gargalhadas desenfreadas quando ouvimos uma piada genuinamente hilária; o riso alegre das crianças; o riso obsequioso de quem procura bajular um líder. A forma de alguém rir diz muito e, quando você estiver em dúvida, examine-a para entender a real profundidade do sentimento e do contexto.

Lábios

Fazemos biquinho com os lábios diante de smartphones para tirar selfies e os pintamos com batom para torná-los mais atraentes. Nós os preenchemos com colágeno para disfarçar a idade e os lambemos para mantê-los úmidos. Ricos em terminações nervosas, os lábios sentem pressão, calor, frio, sabor, ternura e até mesmo correntes de ar. Podem ser sensuais e comunicar humores, gostos, desgostos e até medo. Adornamos, massageamos, brincamos com eles, beijamos. De certa forma, os lábios são uma das coisas que nos tornam humanos.

141. Lábios plenos
Os lábios mudam de tamanho e dimensão de acordo com nosso estado emocional. Ficam pequenos quando estamos estressados, maiores quando nos sentimos confortáveis. Lábios cheios e flexíveis indicam relaxamento e contentamento. Quando estamos sob estresse, o sangue flui dos lábios para outras partes do corpo onde ele é necessário. Os lábios em seu tamanho pleno funcionam como um barômetro do estado emocional da pessoa.

142. Ponta dos dedos nos lábios
Cobrir os lábios com os dedos pode indicar insegurança ou dúvida e deve ser considerado no contexto. Fique atento a esse comportamento, especialmente se a pessoa tiver ouvido uma pergunta que precisa processar. Esse gesto também ocorre quando alguém pondera cuidadosamente sobre um assunto. Lembre-se de que algumas pessoas fazem isso com frequência, em qualquer situação, pois é um apaziguador do estresse, que remete à época em que chupavam o polegar. Então tenha cuidado com o que concluir.

143. Puxar os lábios
Puxar ou beliscar os lábios geralmente é associado a medo, dúvida, preocupação, falta de confiança ou outras dificuldades. Ignore as pessoas que fazem isso continuamente para passar o tempo – para elas, é só um gesto pacificador. Naqueles que raramente o fazem, é um bom indicador de que há algo errado.

144. Morder os lábios
Morder os lábios é um gesto pacificador bastante comum quando as pessoas estão sob estresse ou preocupadas. Depois de certa idade, não é mais socialmente aceitável chupar o polegar, e morder os lábios estimula os mesmos nervos da boca. Também fazemos isso quando queremos dizer algo, mas não podemos ou não devemos. Alguns indivíduos, quando zangados, mordem os lábios como estratégia de autocontrole.

145. Umedecer os lábios
Da mesma forma que morder os lábios, passar a língua neles ajuda a acalmar. Esse comportamento geralmente está associado a preocupação, ansiedade ou emoções negativas. No entanto, pode significar apenas que a pessoa está com os lábios secos, portanto seja cauteloso ao tirar conclusões. Pode ser também um indicador muito confiável de estresse. Como educador, vejo isso o tempo todo quando um aluno despreparado se senta para fazer uma prova.

146. Afinar os lábios
Está associado principalmente a pensamentos negativos, preocupação, medo, ansiedade ou falta de confiança. Quando pensamos em problemas ou experimentamos estresse, os lábios tendem a se afinar.

147. Comprimir os lábios
Ao longo do dia, quando nos deparamos com eventos negativos, preocupações ou pensamentos desconfortáveis, os lábios se estreitam e se apertam, transmitindo com precisão nossas inquietações, mesmo que apenas por um instante. Esse gesto pode ser muito sutil ou chegar ao ponto em que os lábios mudam visivelmente de cor à medida que o fluxo de sangue diminui por causa da compressão. Pode ser muito fugaz ($1/20$ de milésimo de segundo); mesmo assim, revela com exatidão uma emoção negativa repentinamente registrada.

148. Ligeira pressão dos lábios
Às vezes, mostramos nosso aborrecimento com os outros ao comprimir levemente os lábios. Ao contrário da compressão labial total, que envolve ambos os lábios, essa pressão em geral ocorre apenas no lábio superior. Ainda assim, pode revelar algo quando somada ao conjunto da linguagem corporal de uma pessoa.

149. Lábios comprimidos puxados para baixo
Você verá esse comportamento impressionante quando uma pessoa percebe que cometeu um grande erro ou foi flagrada fazendo uma bobagem. Os lábios permanecem firmemente juntos enquanto os músculos ao redor da boca se contraem para puxá-los um pouco para baixo, esticando o lábio superior para longe do nariz e retesando a área da boca contra os dentes.

150. Relutância em descomprimir os lábios
Pessoas que mantêm os lábios comprimidos por muito tempo em geral estão submetidas a grande estresse ou preocupação. A compressão labial é, de certa forma, uma maneira de encobrir nossas emoções, como quando tapamos os olhos com as mãos para bloquear algo negativo. Quanto maior a tensão ou apreensão, maior a necessidade de manter os lábios comprimidos.

151. Ocultar os lábios
Quando temos preocupações ou ansiedade profundas, podemos sugar os lábios até o ponto de não serem mais visíveis. Isso sinaliza algo muito diferente do que comprimir os lábios (veja o verbete 147), quando grande

parte dos lábios permanece visível. Esse comportamento geralmente é reservado para situações de estresse severo, dor física significativa ou grande turbulência emocional.

152. Lábios trêmulos

O tremor das bordas dos lábios, mesmo leve, indica desconforto, preocupação, medo ou outras questões – isso, claro, se tivermos descartado uso de álcool ou distúrbios neurológicos. Os jovens, quando pressionados por pais ou outros adultos em posições de autoridade, costumam exibir lábios trêmulos, assim como pessoas honestas quando são confrontadas por policiais pela primeira vez. Profissionais de recursos humanos costumam dizer que os lábios de alguns jovens tremem quando são questionados sobre o uso de drogas.

153. Lábios em U invertido

Quando os lábios estão comprimidos e os cantos da boca apontam para baixo, as coisas estão muito ruins emocionalmente. Esse é um indicador seguro de forte estresse ou desconforto, e um comportamento difícil de fingir, por isso mesmo muito preciso. Tenha cuidado, no entanto, porque algumas pessoas têm a boca naturalmente voltada para baixo. Esse gesto é semelhante à boca triste (veja o verbete 156), mas neste caso aqui os lábios estão muito comprimidos ou não estão visíveis.

154. Franzir os lábios

Franzimos os lábios (apertando-os firmemente em direção à boca) quando discordamos de algo ou pensamos em uma alternativa. É um comportamento comum quando o público discorda do que um orador diz ou sabe que ele está errado. Quanto mais para fora o movimento dos lábios franzidos, mais forte a emoção ou o sentimento negativo. Esse é um gesto extremamente confiável que se vê muito nas mesas de pôquer quando os jogadores não gostam das cartas que têm.

155. Franzir os lábios, puxando para o lado

É semelhante ao comportamento de lábios franzidos mencionado anteriormente, mas aqui os lábios se mexem para o lado do rosto, alterando a aparência da pessoa. Em geral isso acontece rapidamente, mas se houver forte desacordo a posição pode ser mantida por alguns segundos. É um gesto enfático que diz: "Estou com problemas de verdade. Não gosto do que me perguntaram, do que acabei de ouvir ou do rumo que isso está tomando." Quanto mais pronunciado o gesto ou quanto maior a duração, mais forte será o sentimento. Vimos essa expressão no rosto da ginasta McKayla Maroney quando ficou em segundo lugar nas finais de salto durante os Jogos Olímpicos de 2012.

156. Boca triste

Tal como os olhos, a boca pode ser uma janela para o nosso estado emocional. A tristeza costuma se revelar com os cantos dos lábios levemente voltados para baixo, em geral com as pálpebras superiores também abaixadas. Isso às vezes é chamado de olhar de peixe morto. Algumas pessoas têm esse semblante – o canto da boca perpetuamente voltado para baixo –, e, no caso delas, isso não tem nada a ver com emoções negativas.

157. Boca em forma de O
Quando estamos surpresos ou em agonia, nossos lábios muitas vezes se abrem instintivamente em uma forma oval, semelhante a um O. Não se sabe com exatidão por que fazemos isso, mas parece ser um comportamento universal e possivelmente uma resposta ancestral que compartilhamos com primatas assustados. A imagem mais conhecida desse gesto é a pintura *O Grito*, de Edvard Munch.

158. Boca aberta, mandíbula para o lado
Semelhante ao queixo caído (veja o verbete 179), esse comportamento ocorre quando a pessoa faz algo errado ou percebe que cometeu um erro. Um canto da boca é puxado para o lado, fazendo com que a mandíbula se desloque nessa direção; ao mesmo tempo, os dentes inferiores cerrados desse lado da boca ficam expostos. Estudantes geralmente reagem dessa maneira quando erram uma resposta que deveriam saber. O mesmo ocorre com um colaborador que reconhece não ter concluído uma tarefa. Esse comportamento pode vir acompanhado pela rápida sucção de ar através dos dentes cerrados.

159. Sorriso
Um sorriso genuíno é uma maneira instantânea e infalível de comunicar simpatia e boa vontade. Em todo o mundo, sinaliza acolhimento, amizade e harmonia social. Ver alguém sorrir, especialmente bebês, nos traz alegria. Nas relações familiares, na paquera e nos negócios, um sorriso abre portas e corações. Há uma variedade de maneiras de sorrir, incluindo sorrisos sociais para aqueles que não conhecemos mas estão perto de nós, o

sorriso tenso de um aluno fazendo prova e o sorriso falso de quem finge gostar de nós ou tenta parecer à vontade.

160. Sorriso sincero

Tema de muita pesquisa, um sorriso genuíno envolve a boca e os músculos ao redor dos olhos. Ele é chamado de sorriso de Duchenne, de acordo com Paul Ekman, estudioso da linguagem corporal. O rosto fica visivelmente mais relaxado em um sorriso verdadeiro, pois os músculos faciais refletem alegria real ao invés da tensão. Pesquisas mostraram que um sorriso genuíno pode ser verdadeiramente "contagioso", tanto no ambiente profissional quanto no pessoal, e que, muitas vezes, é uma característica associada ao carisma.

161. Sorriso falso

Sorrisos falsos são usados para direcionar a percepção dos outros, fazendo-os acreditar que está tudo bem. Eles são bastante fáceis de distinguir de um sorriso verdadeiro: às vezes apenas um lado do rosto está envolvido, ou o sorriso vai em direção às orelhas e não aos olhos. Parece forçado. Um sorriso verdadeiro mobiliza suavemente os olhos e os músculos faciais em ambos os lados do rosto.

162. Sorriso nervoso

Um sorriso nervoso ou tenso mostra ansiedade, preocupação ou estresse. Sorrimos assim para fazer os outros pensarem que está tudo bem. É comumente visto em viajantes que passam pela alfândega no aeroporto e sorriem com nervosismo para o oficial que está fazendo perguntas.

163. Sorriso como barômetro das emoções
Com que precisão os sorrisos revelam nossos sentimentos íntimos? Com boa chance de acerto. Estudos mostram que os sorrisos dos atletas diferem visivelmente se eles terminam em primeiro, segundo ou terceiro lugar. Curiosamente, essa mesma distinção vale para atletas com cegueira congênita, que nunca viram um sorriso no rosto de outra pessoa. O sorriso deles refletirá seu sucesso ou fracasso – confirmando que muitos elementos não verbais estão programados em nosso cérebro.

164. Comprimir os cantos da boca
Quando um canto da boca se contrai e puxa levemente para o lado ou para cima, é sinal de presunção, desdém, antipatia, descrença ou desprezo. Quando o desprezo é evidente, o gesto pode ser exagerado, não deixando dúvidas quanto aos verdadeiros sentimentos. Na maioria das vezes, o canto da boca é comprimido em apenas um lado do rosto, mas algumas pessoas fazem isso nos dois lados. O significado é o mesmo.

165. Elevação do lábio superior
Desgosto, sentimentos negativos, desdém ou antipatia farão com que o canto superior do lábio de um lado da boca suba ligeiramente ou arqueie para cima. Quando os sentimentos são fortes, a ascensão pode ser bem perceptível, distorcendo o lábio superior em direção ao nariz e expondo os dentes, quase em um rosnado. É um sinal de total aversão ou desgosto.

166. Esfregar a língua no lábio superior

Algumas pessoas extravasam suas emoções positivas lambendo o lábio superior rapidamente, para a frente e para trás. Como a língua está desafiando a gravidade, é mais provável que haja emoções positivas em jogo. Isso se diferencia do movimento usual, que é feito no lábio inferior e está associado à liberação de estresse. Tal como acontece com todos os indicadores de linguagem corporal, há exceções. Algumas pessoas lambem o lábio superior para aliviar o estresse, então procure outros comportamentos que confirmem o significado do gesto para orientá-lo em suas conclusões.

Bochechas e mandíbula

Muitas pessoas pensam nas bochechas como uma estrutura sem muito uso e na mandíbula como algo útil apenas para mastigar e falar – em outras palavras, inúteis no estudo da linguagem corporal. Mas ambas dão ao rosto o nosso formato humano único. Buscamos líderes que tenham mandíbulas bem marcadas, e a indústria da moda se interessa por modelos com maçãs do rosto salientes. Colorimos as bochechas artificialmente com maquiagem para aumentar nosso poder de atração e deixamos o pelo crescer na mandíbula para preencher o rosto – foi esse motivo que levou o presidente Lincoln a deixar a barba. De bochechas que ficam vermelhas por agitação ou vergonha a mandíbulas que se movem quando nos sentimos inseguros, essas duas áreas definitivamente comunicam algo sobre nós e não devem ser negligenciadas.

167. Tiques faciais repentinos

Os tiques faciais podem surgir em qualquer parte do rosto (bochecha, canto da boca, olhos, testa) e são específicos em cada indivíduo. Se você notar uma súbita contração nervosa, ela é geralmente causada por tensão ou ansiedade. Os tiques costumam ocorrer nas bochechas ou perto delas, por causa dos músculos interconectados que atravessam essa área.

168. Pressionar a bochecha
As pessoas empurram os dedos firmemente contra uma bochecha para produzir sensações que aliviam o estresse – literalmente afundando a pele. As marcas às vezes ficam bastante pronunciadas, dependendo da pressão aplicada. Esse gesto pode ser feito com uma ou duas mãos, com alguns dedos em apenas um lado, ou beliscando as bochechas entre o polegar e o indicador ou junto com o médio.

169. Massagear a bochecha ou o rosto
A massagem no rosto ou na bochecha é uma boa maneira de liberar o estresse. Em geral feita de forma muito suave, também pode sinalizar contemplação. Esse comportamento precisa ser considerado juntamente com outros para se obter uma avaliação precisa.

170. Tamborilar a bochecha
Indica que alguém está entediado e querendo acelerar as coisas. Avalie esse comportamento em conjunto com outros, como um olhar entediado ou uma mudança de assunto.

171. Enquadrar a bochecha
O enquadramento da bochecha acontece quando a pessoa apoia a mandíbula no polegar e coloca o dedo indi-

cador ao longo da bochecha, ao lado do rosto. O gesto geralmente envolve apenas uma mão e sugere que o indivíduo está pensando em algo ou quer parecer reflexivo. Alguns usam esse gesto quando duvidam do que um orador está dizendo, enquanto outros podem fazê-lo para ajudar na concentração. Na paquera, pode ser eficaz para mostrar interesse à distância.

172. Inflar as bochechas
Muitas vezes, inflar as bochechas sem exalar significa dúvida, reflexão ou cautela. É comum em pessoas que não têm certeza do que fazer ou estão apreensivas. Há quem mantenha essa postura por um bom tempo enquanto busca a solução de um problema.

173. Toque furtivo na bochecha
Um toque furtivo e tranquilizador, esfregando levemente o indicador na bochecha, indica que a pessoa está se esforçando para controlar o próprio estresse e não quer demonstrar isso. Quando alguém tenta disfarçar um movimento pacificador, como tocar a lateral do nariz, provavelmente pretende ocultar a insegurança, a ansiedade ou a preocupação. O toque furtivo na bochecha é perceptível em pessoas entrevistadas na TV e em jogadores de pôquer.

174. Coçar a bochecha
Coçar a bochecha também é um gesto pacificador, uma forma de lidar com dúvidas e inseguranças. É mais consistente do que o toque furtivo, que tende a ser mais preciso por causa de seu significado oculto. No entanto,

coçar a bochecha com quatro dedos geralmente indica reservas, hesitação, perplexidade ou apreensão.

175. Apertar os cantos da boca
Usar os dedos para apertar ou beliscar os cantos da boca alivia o estresse. Raramente fazemos isso quando estamos contentes e relaxados. É diferente de pressionar a bochecha (veja o verbete 168). Esse gesto é feito apertando a área carnuda das bochechas com os dedos e puxando-a bilateralmente em direção aos cantos da boca, talvez até esticando um ou ambos os lábios.

176. Esfregar a bochecha
Sob estresse extremo, não é incomum ver as pessoas pressionarem as bochechas com as mãos, arrastando-as para baixo, como se estivessem limpando o rosto. Normalmente, o movimento começa bem na frente das orelhas e termina perto do maxilar. Quanto mais forte e mais demorada a pressão, mais agudo é o estresse. Já vi corretores da bolsa fazerem isso no final de um dia ruim de negociação ou quando um time perde no último segundo do jogo.

177. Tensionar a mandíbula
Quando estamos chateados, com raiva ou com medo, os músculos da mandíbula perto das orelhas tendem a tensionar. É uma reação ao estresse ou a um desafio. Também ocorre quando os ânimos estão esquentando.

178. Deslocar a mandíbula
Mexer repetidamente a mandíbula de um lado para outro é um gesto pacificador eficaz. Também pode ser um

mero comportamento compulsivo em algumas pessoas, então observe quando e com que frequência ocorre e procure outros sinais de que algo está errado. A maioria das pessoas faz isso com pouca frequência, portanto, quando você vir o gesto, ele será muito preciso em comunicar incômodo.

179. Queixo caído

Uma queda repentina da mandíbula, deixando a boca aberta, comunica grande surpresa. Esse comportamento ocorre quando uma pessoa fica chocada ou é confrontada com uma revelação embaraçosa. Não se sabe ao certo por que o queixo "cai", mas a ação é bastante precisa ao revelar total surpresa.

180. Músculos da mandíbula pulsando

Os músculos da mandíbula que pulsam, latejam ou ficam tensos e pronunciados indicam impaciência, tensão, preocupação, ansiedade, raiva ou emoções negativas.

181. Projetar a mandíbula

Quando estamos com raiva, tendemos a projetar a mandíbula ligeiramente para a frente. Em conjunto com pálpebras superiores abaixadas ou lábios tensos, esse comportamento torna difícil esconder a raiva.

Queixo

De bebê, redondo, quadrado, flácido, forte, com covinhas, fofo ou com cicatrizes: existem muitas variedades e formatos de queixo. Ele protege o rosto e, se necessário, o pescoço, mas também comunica sentimentos como orgulho ou vergonha. Dizemos "Levante o queixo" quando alguém está abatido, e os militares saúdam a bandeira com o queixo erguido. Em resumo, essa parte do rosto tem muito a dizer sobre nosso estado interior, se estamos confiantes, assustados, perturbados ou esgotados.

182. Queixo para cima

O queixo erguido e projetado para fora comunica confiança. Em certas culturas europeias (alemã, francesa, russa e italiana, entre outras), esse gesto é mais pronunciado, indicando confiança, orgulho e, em alguns casos, certa arrogância.

183. Queixo para baixo

Se o queixo de repente aponta para baixo em resposta a uma pergunta, provavelmente a pessoa não tem confiança no assunto ou se sente ameaçada. Em alguns indivíduos, é um sinal bastante certeiro: eles literalmente abaixam o queixo quando recebem más notícias ou pensam em algo doloroso ou negativo.

184. Queixo retraído

Quando estamos preocupados ou ansiosos, instintivamente buscamos aproximar o queixo do pescoço – a maneira como a natureza protege nossos órgãos vitais. É um excelente indicador de insegurança, dúvida e até de medo. Se você vir esse comportamento depois de fazer uma pergunta a alguém, há sérios problemas não resolvidos. Quando as crianças são questionadas sobre algo que não deveriam ter feito, muitas vezes o queixo abaixa, mostrando contrição. Vários adultos reagem da mesma maneira.

185. Esconder o queixo

Gesto empregado por crianças para esconder seu constrangimento, mostrar seu desagrado em relação aos outros ou demonstrar que estão chateadas. Elas abaixam o queixo, muitas vezes cruzando os braços ao mesmo tempo, e depois se recusam a levantá-lo. Em adultos, é visto entre homens que estão cara a cara, com raiva ou gritando. Nesse caso, serve para proteger o pescoço em caso de confronto violento.

186. Queixo e ombros caídos

Esse é outro comportamento familiar aos pais: quando o filho abaixa ou tenta esconder o queixo com os ombros caídos, dizendo efetivamente "Não quero". Se os braços também estiverem cruzados, a criança não quer *mesmo*.

187. Tocar o queixo
É um gesto que sinaliza reflexão, feito em geral com a ponta dos dedos. Não é necessariamente um sinal de dúvida, mas é algo observável durante o processamento de informações. Quando combinado com outros comportamentos, como franzir os lábios, sugere que a pessoa está imaginando algo negativo ou uma alternativa ao que foi discutido.

188. Esfregar o queixo com as costas da mão
Em muitas culturas, significa que uma pessoa tem dúvidas sobre o que está sendo dito. Pode ser realizado de lado a lado ou de trás para a frente do queixo. É comum vir associado ao franzir dos lábios.

189. Apoiar o queixo na palma da mão
Esse gesto, que relaxa os músculos faciais, sugere tédio. No entanto, no contexto de um processo legal, pode sinalizar uma série de possibilidades. Em um ambiente forense, vi pessoas culpadas fazerem essa pose enquanto estavam sentadas sozinhas em uma sala, como forma de manipular a percepção alheia, fazendo as autoridades pensarem que são tão inocentes que estão até entediadas.

190. Apoiar o queixo no nó dos dedos
Observe que, durante esse movimento, o cotovelo está afastado, apoiado em uma superfície, e a pessoa olha para longe ou para uma tela de computador. Normalmente, a testa está franzida ou os olhos estão apertados ou semicerrados, sinalizando uma reflexão difícil ou raiva

momentânea. Quando vir alguém nessa posição, é sábio não interromper o fluxo de pensamentos ou emoções.

191. Mexer o queixo
Mexer o queixo da esquerda para a direita contra a palma da mão é um gesto subconsciente de desacordo. Já vi pessoas ao redor de uma mesa em sala de conferências mostrarem seu desagrado silencioso mexendo o queixo apoiado na palma da mão.

192. Acariciar a barba ou o bigode
É um gesto muito eficaz para controlar o estresse. Caso observe que se trata de um comportamento repetitivo e compulsivo, ignore-o. Muitos homens de barba acham apaziguador acariciar a barba ao longo do dia. No entanto, se perceber o gesto repentinamente pela primeira vez, ou se o movimento se intensificar depois que um tópico for mencionado, talvez a pessoa tenha uma questão. O contexto cultural também deve ser considerado. No Oriente Médio, por exemplo, é comum que os homens fiquem passando a mão na barba enquanto conversam.

193. Covinhas no queixo
Quando as pessoas estão estressadas, passando por turbulência emocional ou prestes a chorar, forma-se uma covinha no queixo. Isso ocorre até mesmo nos indivíduos mais estoicos.

194. Tremor do queixo
O tremor repentino dos músculos do queixo indica medo, preocupação, ansiedade ou apreensão. As pessoas prestes

a chorar também fazem isso. O músculo mentoniano, que cobre o queixo e faz a pele tremer, é um dos que mais reflete nossas emoções, segundo o antropólogo David Givens, renomado estudioso de sinais não verbais. Às vezes, o queixo expressa a turbulência emocional mesmo antes dos olhos.

195. Queixo sobre o ombro
Muitas vezes vemos esse gesto em pessoas que estão envergonhadas ou emocionalmente vulneráveis. De maneira muito infantil, elas apoiam o queixo no ombro, parecendo recatadas. Uma pessoa que faz isso antes de responder a uma pergunta pode estar expressando grande dificuldade em discutir um assunto, talvez por saber de algo que não deseja revelar.

196. Apontar para algo com o queixo
Comum em muitas culturas, esse gesto substitui apontar com um dedo e é visto em todo o Caribe, na América Latina, em partes da Espanha e no Oriente Médio, bem como em reservas indígenas americanas.

Rosto

Embora eu já tenha abordado partes específicas do rosto, alguns comportamentos são mais bem compreendidos no contexto completo da face. Os seres humanos evoluíram para coletar uma grande quantidade de informações no rosto de uma pessoa. Os olhos e a boca chamam especialmente nossa atenção. Em geral, diante de alguém de quem gostamos, alternamos o olhar entre os olhos e a boca porque essas partes têm um caráter revelador. Mãe e bebê se examinam várias vezes para se reconhecer e colher informações, mas também para criar vínculos – da mesma forma que amantes que se observam em silêncio em um café. Somos naturalmente fascinados por rostos – milhões de palavras foram usadas para descrever o mais famoso e enigmático de todos, a *Mona Lisa*. Também sentimos muita curiosidade por eles, ou atração quando vemos algo especial ali. O rosto comunica emoções, pensamentos e sentimentos e, por isso, ao longo da vida, nós o escrutinamos à procura de pistas. Quando os gregos usavam a metáfora do rosto que "lançou mil navios", provavelmente havia verdade nisso: é um dos poderes dele.

197. Evitar contato cara a cara
Por várias razões, às vezes fazemos isso mesmo quando estamos próximos da pessoa que queremos evitar. É comum num tribunal, entre vítima e suspeito, ou durante o processo de divórcio contencioso. A atitude torna-se óbvia pela rapidez com que as pessoas mudam seu comportamento, para onde estão olhando e pela rigidez da postura.

198. Bloquear o rosto
É o comportamento da pessoa que apoia os cotovelos em uma superfície e segura as mãos juntas na frente do rosto. Quando questionada, em vez de abaixar as mãos, ela espia pelas brechas entre os dedos ou responde por detrás deles. As razões do isolamento podem ser estresse, desconfiança ou antipatia pelo interlocutor. As mãos servem como uma barreira psicológica. A relutância em revelar o rosto costuma ser um forte indicador de problemas.

199. Esconder o rosto
Em todo o mundo, as pessoas colocam as mãos em concha sobre o rosto ou usam objetos para escondê-lo geralmente como resultado de vergonha, constrangimento, medo, ansiedade ou apreensão. Muitas vezes, detidos conduzidos à viatura que os espera usam peças de roupa para esconder o rosto.

200. Assimetria emocional do rosto
Recentemente, foi demonstrado que o rosto é notável em sua capacidade de revelar vários sentimentos ao mesmo tempo. Ele pode mostrar desprezo e zombaria enquanto dá um sorriso social. Essa é provavelmente uma pista de

que há vários sentimentos concorrendo internamente, os quais "vazam" no rosto. Nas minhas observações, o lado esquerdo do rosto (o direito de quem está olhando para a pessoa) tende a ser mais preciso, especialmente quando se trata de emoções negativas. Essa capacidade de demonstrar emoções diferentes em cada lado do rosto é chamada de quiralidade emocional.

201. Incongruência facial
A incongruência entre o que alguém diz e como isso se reflete no rosto não é incomum. As pessoas podem dizer uma coisa, mas seu rosto telegrafa outra. Durante uma troca de gentilezas, um rosto muito tenso ou que demonstra antipatia ou desconforto acaba revelando sentimentos verdadeiros, embora a pessoa possa ser obrigada a dizer algo agradável ou oferecer uma saudação educada.

202. Rosto estranho na multidão
Ao lidar com esquemas de segurança do serviço secreto dos Estados Unidos, bem como atuando em várias empresas do setor privado ao longo dos anos, aprendi que, em uma multidão, muitas vezes vale a pena confiar em nossa intuição sobre um rosto estranho que se destaca. Falo daquele que parece zangado quando todo mundo está feliz, ou que parece paralisado e rígido quando o restante da multidão exibe uma variedade de reações. Funcionários de companhias aéreas me dizem que, em uma longa fila no aeroporto, o passageiro que mais causa problemas é aquele cuja fisionomia estranha e emocionalmente carregada não combina com a dos demais.

203. Serenidade na turbulência

Muitas vezes chamado de "serenidade narcisista", ocorre quando o rosto tem uma expressão incomum e incongruente de calma em uma situação que parece exigir o oposto. Lee Harvey Oswald, Timothy McVeigh e Bernie Madoff tinham o mesmo olhar estranhamente sereno quando foram presos, apesar do contexto e do horror de seus crimes.

204. Sorriso fora do lugar ("prazer em enganar")

Cunhado pelo pesquisador Paul Ekman, esse termo se refere ao sorriso inadequado ou meio sorriso que uma pessoa dá ao se safar de algo. É muito semelhante à expressão de serenidade na turbulência do verbete anterior. Esse sorriso, que traduz um prazer em enganar, também é visto em quem se julga mais esperto que os demais ou pensa ter ludibriado alguém com suas mentiras. É pretensioso em um momento e lugar nos quais a humildade, a seriedade ou a contrição seriam mais apropriadas.

205. Tocar o rosto

Serve a uma infinidade de propósitos: pode atrair outras pessoas (muitas vezes vemos modelos tocando o próprio rosto nas capas de revistas) ou nos ajudar a relaxar estimulando a miríade de nervos na face. Analisar o contexto é fundamental.

Pescoço

O pescoço é a parte mais frágil e vulnerável do nosso corpo. Tudo que é crítico para nossa sobrevivência – sangue, alimento, água, sinais elétricos, hormônios, ar – flui pelo pescoço. Composto por numerosos músculos, intrinsecamente entrelaçados para sustentar a cabeça; por ossos cervicais ocos que protegem a medula espinhal; e por grandes veias e artérias que alimentam o cérebro, o pescoço é obviamente vital. No entanto, ele é muitas vezes ignorado quando se trata de comunicação não verbal, embora saibamos que sinaliza quando estamos confortáveis, interessados ou receptivos a uma ideia ou pessoa. Tocamos o pescoço, o cobrimos ou o refrescamos, juntamente com outros comportamentos e, ao fazê-lo, dizemos ao mundo o que estamos pensando ou sentindo secretamente. Sensível ao menor toque ou carícia, ou mesmo ao calor de uma respiração, essa é também uma das áreas mais sensíveis do corpo.

206. Tocar o pescoço
Mais do que apenas aliviar uma eventual coceira, o toque no pescoço serve como um excelente indicador de inse-

gurança, apreensão, ansiedade, preocupação ou problemas. Tendemos a fazê-lo quando algo nos incomoda ou se estamos preocupados. Embora não seja muito lembrado, é um dos indicadores mais precisos quando se trata de revelar que algo nos incomoda.

207. Cobrir a incisura supraesternal

Tocar ou cobrir a jugular – ou incisura supraesternal (a área abaixo do pomo de adão e logo acima da parte superior do tórax) – indica preocupação, problema, ansiedade, insegurança ou medo. Os homens tendem a segurar o pescoço ou a garganta com força, ou a cobrir essa área com a mão enquanto ajustam a gravata ou o colarinho. As mulheres tocam a área com mais frequência do que os homens, e tendem a fazê-lo com mais leveza, com a ponta dos dedos. Seja de forma delicada, seja com força, cobrir o ponto mais fraco do corpo significa que há algum problema. Proteger o pescoço quando nos sentimos ameaçados é um legado dos inúmeros encontros que nossa espécie teve, testemunhando atos predatórios de grandes felinos, que geralmente atacam o pescoço. Para mais informações sobre isso, consulte *O que todo corpo fala*.

208. Tocar o nó da gravata

O nó de gravata cobre a incisura supraesternal e o pescoço, e tocá-lo tem a função de proteger o pescoço e aliviar a ansiedade. Os homens costumam fazer isso quando sentem constrangimento social ou ansiedade leve. Alguns repetem esse gesto como um comportamento pacificador, assim como uma mulher pode brincar com um colar quando está estressada (veja o próximo verbete).

209. Brincar com o colar
Para as mulheres, equivale a cobrir a jugular com a mão. Protege uma área vulnerável e alivia o estresse por meio de movimentos repetitivos.

210. Brincar com a gola da camisa
Esse pequeno gesto serve para pacificar ou aliviar o estresse de três maneiras: cobrindo a região do pescoço; como um comportamento tátil repetitivo; e agitando a roupa para se refrescar.

211. Massagear o pescoço
As pessoas costumam massagear as laterais ou a parte de trás do pescoço para aliviar o estresse. É fácil ignorar esse tipo de comportamento, mas elas *só* fazem isso quando algo as incomoda.

212. Massagear o nervo vago
O nervo vago (do latim, "errante") conecta o cérebro aos principais órgãos, incluindo o coração. Sob estresse, você pode se flagrar massageando a lateral do pescoço, perto de onde se verifica a pulsação. Há uma razão para isso: o estímulo do nervo vago resulta na liberação de acetilcolina, um neurotransmissor que, por sua vez, envia sinais ao coração, especificamente ao nó atrioventricular, desacelerando a frequência cardíaca.

213. Puxar a pele

Puxar a área carnuda do pescoço sob o queixo acalma alguns homens. Às vezes, sob grande estresse, o puxão se torna extremo. Já vi homens fazerem isso com tanto vigor que a pele empalidece. É raro ver em mulheres.

214. Abanar o pescoço

Quando estamos sob estresse, a pele fica quente, uma reação fisiológica controlada pelo sistema nervoso autônomo sobre a qual temos pouco controle. Isso geralmente ocorre em menos de $1/250$ de segundo. Ao refrescar a região do colarinho e do pescoço, aliviamos o desconforto causado pelo rubor ou pelo aquecimento da pele. Discussões acaloradas ou mesmo comentários desagradáveis podem levar um indivíduo a se abanar. Leitores familiarizados com o falecido comediante Rodney Dangerfield (do filme *Clube dos pilantras*, de 1980) se recordarão dele, que fazia isso no filme e em suas apresentações de stand-up quando não "o tratavam com respeito", mas especialmente quando estava estressado.

215. Levar o punho à frente do pescoço

O propósito desse gesto também é cobrir a jugular. Trata-se de uma resposta automática e subconsciente a ameaças, medos ou preocupações. Esse comportamento ocorre principalmente em homens, mas tenho visto algumas mulheres exibi-lo quando estão sob estresse extremo ou quando confrontadas com algo muito negativo. Muitas pessoas confundem o gesto como um sinal de força, quando na realidade, neste caso, é um sinal defensivo, de ansiedade e antipatia.

216. Veias do pescoço pulsando
A pulsação perceptível das veias no pescoço indica estresse ou ansiedade. Em alguns, pode sinalizar medo ou raiva.

217. Deglutição difícil
A dificuldade de deglutir é altamente visível e às vezes audível. É uma reação espontânea a algo desagradável, perigoso ou extremamente estressante, além de um indicador confiável de angústia. Os músculos e os ligamentos que cercam a garganta se contraem, deslocando o pomo de adão energicamente para cima e para baixo.

218. Alongar o pescoço
Alongar ou estalar o pescoço em movimentos circulares acalma e tranquiliza. Muitas pessoas fazem esse gesto diante de perguntas difíceis, que prefeririam não responder.

219. Vermelhidão no pescoço e no rosto
O rubor facial e do pescoço é uma resposta autônoma a um estímulo e não pode ser controlado. Muitas pessoas ficam vermelhas quando se sentem ameaçadas ou inseguras e, em casos muito raros, quando são pegas mentindo ou fazendo algo ilegal. Esse comportamento nos permite saber que o indivíduo está perturbado, seja por um simples constrangimento inocente ou por algo mais nefasto. Tenha sempre em mente que certos medicamentos ou alimentos podem causar rubor.

220. Movimento súbito do pomo de adão

Quando isso acontece, é provável que o indivíduo tenha acabado de ouvir algo que o fez se sentir no limite, ameaçado ou apreensivo. Essa reação incontrolável também ocorre quando uma pessoa se sente altamente vulnerável ou exposta. O termo médico para o pomo de adão é proeminência laríngea; a cartilagem tireoide ao redor da laringe (parte da garganta que segura as cordas vocais) dá a ela sua forma saliente (proeminência). Geralmente é maior nos homens. Essa área do corpo é altamente sensível e reativa a estressores emocionais.

221. Expor o pescoço

A inclinação da cabeça para o lado, expondo a lateral do pescoço, é um dos comportamentos de linguagem corporal mais comuns, porém menos compreendidos. Instintivamente, inclinamos a cabeça quando seguramos ou até mesmo quando vemos um recém-nascido – algo que a criança reconhece e recompensa, com o tempo, com um sorriso e o rosto relaxado. À medida que crescemos, a inclinação da cabeça aparece no contexto do jogo amoroso, quando olhamos nos olhos de um amante com a cabeça inclinada para o lado, deixando o pescoço vulnerável. Nas relações pessoais e profissionais, esse comportamento também significa que a pessoa está ouvindo e interessada. É um jeito poderoso de desarmar alguém – e é muito útil durante um confronto. Associado a um sorriso, é uma das formas mais eficazes de conquistar os outros.

222. Enrijecer o pescoço

Quando as pessoas estão atentas e receptivas, e sobretudo quando se sentem confortáveis, elas inclinam o pescoço para o lado, expondo-o mais do que o normal. Se a sensação de conforto desaparece, no entanto, o pescoço rapidamente se torna rígido, o que significa um estado hiperalerta e vigilante; pode sugerir que a pessoa discorda de algo que acabou de ser dito ou que tem um assunto sério a discutir. Quando alguém passa de um estado relaxado para um rápido enrijecimento do pescoço, é um sinal claro de que há algo errado.

Ombros

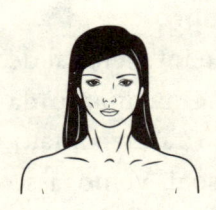

Largos, estreitos, atléticos, magros, atraentes, sedutores ou caídos, nossos ombros dizem muito sobre nós. Mesmo à distância, não tem como confundir os ombros largos de um nadador olímpico ou os ombros musculosos de uma bailarina internacional. As ombreiras de um terno fazem quem o veste se destacar num ambiente de negócios, assim como os ombros nus de uma modelo escultural chamam nossa atenção. Caídos quando estamos deprimidos ou amplos e puxados para trás quando nos sentimos confiantes, os ombros comunicam quem somos, o que conquistamos ou o que estamos pensando ou sentindo.

223. Levantar um ombro

Um ombro levantado em direção ao ouvido quando uma pessoa responde a uma pergunta em geral representa insegurança ou dúvida. Em conjunto com outros comportamentos (hesitação, braços se aproximando do corpo), é um bom indício de que a pessoa não tem confiança no que está dizendo. Em negociações, quando uma das partes levanta um único ombro em resposta a um questionamento, como "Esse é o seu melhor preço?", quase sempre indica que há espaço para acordo. A resposta de erguer um ombro só sugere falta de comprometimento com o que está sendo dito.

224. Interesse de ombro

A elevação lenta e intencional de um único ombro, juntamente com uma inclinação da cabeça em direção ao mesmo ombro ao fazer contato visual direto, significa um interesse pessoal. Vemos isso sobretudo partindo de mulheres que olham para alguém de quem gostam.

225. Erguer os ombros

Quando as pessoas levantam e mantêm os ombros erguidos (em direção às orelhas), provavelmente estão sentindo insegurança ou têm dúvidas. Esse comportamento é chamado de "efeito tartaruga": o indivíduo está abertamente tentando se esconder. Ombros elevados não são um sinal de confiança. Costuma ser visto quando um orador pede voluntários de um grupo grande, ou em um aluno despreparado para responder a uma pergunta.

226. Dar de ombros rápido

Quando nos fazem uma pergunta e não sabemos a resposta, é comum levantarmos os dois ombros de maneira rápida. Esse comportamento desafia a gravidade e em geral está associado a sentimentos positivos – neste caso, realmente não sabemos e não temos problema em admitir. O gesto tende a ser mais honesto do que um dar de ombros lento (enquanto a pessoa responde "Não sei") ou um encolher de ombros hesitante.

227. Afundar no assento
Pessoas que afundam cada vez mais na cadeira durante uma reunião estão revelando apreensão ou insegurança. Como o efeito tartaruga, essa é uma maneira de se esconder a céu aberto – elas também estão esperando não serem chamadas. Mas observe que, em algumas pessoas, pode ser apenas um sinal de indiferença ou desinteresse. Esse comportamento se destaca porque os ombros estão mais baixos em relação à mesa.

228. Esfregar o ombro ou a clavícula
Durante interrogatórios intensos ou estressantes, os interrogados estendem a mão sobre o peito e a pressionam contra o outro ombro, depois a movem lentamente pela clavícula em direção ao peito. Às vezes, a mão fica pressionando a área do peito, ou o processo pode ser repetido. A natureza tátil e repetitiva do comportamento ajuda a aliviar o estresse ou a apreensão.

229. Alargar os ombros
A ampliação dos ombros, de relaxados para largos, pode ser uma demonstração perceptível de autoridade e confiança, sinalizando que a pessoa está no comando. Muitas vezes vemos isso em atletas e militares. É por isso que muitos ternos de executivos têm ombreiras: para fazer quem o veste parecer mais poderoso.

230. Levantar os ombros com as palmas das mãos para cima, cabeça inclinada
Esse comportamento suplicante embute a pergunta "Por favor, por que não?". As crianças fazem isso tão bem

quanto os adultos, e muitas vezes vemos atletas agirem assim quando querem que o árbitro reconsidere uma decisão adversa.

231. Reverência

É uma ligeira inclinação para a frente da parte superior do tronco e dos ombros, que pode ser intencional ou subconsciente. Em todo o mundo, alguma variante desse movimento é realizada na presença de uma autoridade. Na Ásia, as pessoas se curvam em respeito, assim como os súditos da monarquia fazem em Londres. A origem da prostração tem muito a ver com nosso legado primata, segundo o qual todos se inclinam para o macho alfa – no nosso caso, alguém de maior autoridade. Como prova de sua universalidade, quando os conquistadores chegaram ao Novo Mundo, descobriram que os indígenas norte-americanos também se curvavam ou reverenciavam o rei, assim como os próprios conquistadores faziam na corte de sua rainha.

Braços

Eles não apenas nos protegem, nos dão equilíbrio e nos ajudam a carregar coisas; também se comunicam extremamente bem. Desde os abraços que nos damos quando estamos estressados até os braços erguidos de uma pessoa que acabou de vencer uma competição, ou os braços abertos de uma criança buscando um abraço amoroso, eles estão sempre nos ajudando, nos aquecendo e comunicando nossas necessidades, bem como nossos sentimentos – muito mais do que percebemos.

232. Abraçar
Em todas as suas formas, esse é um indício universal de proximidade, bons sentimentos, acolhimento e cooperação. Enquanto, em algumas culturas, um breve abraço social serve como gesto de saudação semelhante a um aperto de mão, a forma de abraçar indica o que os envolvidos sentem um pelo outro – pense nos atletas americanos e nos astros de cinema se abraçando. Como observador, sempre reparo no abraço e nas expressões

faciais para ter uma noção confiável de como dois indivíduos realmente se sentem em relação um ao outro.

233. Gestos animados
Gestos animados refletem nossas emoções e também fazem com que sejamos notados. São exibições poderosas quando estamos falando e essenciais para uma comunicação dinâmica. Em muitas culturas, a ênfase requer gestos exagerados. Para uma pessoa de fora, indivíduos que gesticulam energicamente parecem prestes a brigar, quando, na verdade, estão apenas sendo enfáticos.

234. Gesticular enquanto fala
Muitas vezes me perguntam "Por que gesticulamos?". Os gestos são considerados parte da comunicação. Eles nos ajudam a chamar e manter a atenção, bem como a destacar pontos importantes. Até ajudam a pessoa que fala, facilitando a fluidez e mesmo a rememoração das palavras. Os gestos afetam a recepção da nossa mensagem e o quanto os outros vão se lembrar dela: quando os gestos ecoam a mensagem, esta é potencializada. Se você observar palestras de sucesso, perceberá que a gesticulação é um elemento essencial utilizado pelos melhores palestrantes.

235. Braços junto ao corpo, mãos flexionadas
Isso é muitas vezes referido como euforia contida. Quando as pessoas estão satisfeitas consigo mesmas, mas tentam não demonstrar, elas podem manter os braços ao longo do corpo e depois erguer as mãos de modo que o pulso fique quase em um ângulo de 90 graus, com

as palmas voltadas para baixo. Esse gesto também pode ocorrer quando as pessoas não querem que notem sua euforia. O comportamento às vezes vem acompanhado por uma elevação dos ombros e, claro, expressões faciais de alegria.

236. Exibições de euforia ou triunfo
Emoções positivas tendem a desafiar a gravidade – em outras palavras, o gesto é feito para cima ou para fora do corpo. Às vezes, literalmente pulamos do assento com os braços e os dedos estendidos. Em todo o mundo as exibições de triunfo em eventos esportivos tendem a ser semelhantes: braços erguidos no ar.

237. Braços atrás das costas
Essa é a postura da realeza: braços e mãos atrás das costas. O rei Charles III e outros membros da realeza britânica costumam andar dessa forma quando querem que os outros mantenham distância. Para o restante de nós, também sinaliza aos outros que queremos espaço. Não é uma boa maneira de se tornar querido, pois tendemos a associar esse comportamento à indiferença. Curiosamente, crianças pequenas não gostam quando seus pais escondem as mãos atrás das costas.

238. Enrijecer os braços
Os braços das pessoas frequentemente enrijecem quando estão assustadas ou sobrecarregadas por um acontecimento. Eles ficam caídos ao lado do corpo, parecendo artificiais ou robóticos. São um forte indicador de que algo negativo acabou de acontecer.

239. Expor a axila

A exposição da parte interna do braço, incluindo a axila, é reservada para momentos em que nos sentimos à vontade com os outros. As mulheres, especialmente, usam esse comportamento (coçar a nuca, expondo a axila) para atrair a atenção de uma pessoa e demonstrar interesse. Em contrapartida, quando nossas axilas estão expostas e alguém que nos causa desconforto se aproxima, imediatamente as cobrimos.

240. Cruzar os braços para abraçar-se

Abraçar a si mesmo é uma maneira eficaz de obter conforto enquanto esperamos que alguém chegue ou quando assistimos a um filme em público. Cruzamos os braços por vários motivos. Aqui estão alguns dos que já ouvi: "É confortável"; "É útil quando meus braços estão cansados"; "Esconde meus seios"; "Faço quando estou curioso"; "Esconde minha barriga". Todo mundo tem um bom motivo e, na maioria das vezes, isso lhes dá conforto. Há muitas pessoas que equivocadamente interpretam braços cruzados como forma de manter as pessoas afastadas – em geral, não é o caso.

241. Cruzar os braços para obter proteção

Em alguns casos, cruzar os braços é uma forma de proteção: procuramos subconscientemente proteger nosso vulnerável lado ventral (abdome) quando nos sentimos inseguros ou ameaçados. Nesses casos, veremos mais tensão nos braços e desconforto psicológico no rosto.

242. Cruzar os braços para autocontenção
As pessoas podem cruzar os braços para se conter quando estão chateadas. Imagine um cliente em um balcão de aeroporto que foi expulso de um voo. Enquanto abraçar-se (veja o verbete 240) requer pouquíssima pressão, esse gesto ajuda a literalmente conter os braços à medida que as emoções saem do controle. Esse comportamento de autocontenção geralmente é acompanhado por demonstrações faciais de animosidade.

243. Cruzar os braços por não gostar de alguém
Na presença de alguém de quem não gostamos, podemos passar os braços sobre o abdome, tentando nos distanciar ou nos isolar da pessoa. Costuma ocorrer logo que vemos alguém com quem não nos entendemos, e é isso que distingue esse comportamento dos outros e comunica nosso desagrado com muita precisão. Para melhor diferenciá-lo dos demais significados de cruzar os braços, observe outros gestos que o acompanham, como um rosto tenso e pés que também se afastam.

244. Cruzar os braços como forma de massageá-los
Cruzar os braços na altura do peito pode ser confortável para muitas pessoas. No entanto, massagear o outro ombro ou braço sugere estresse ou preocupação. Isso é mais provável de ocorrer quando a pessoa está sentada em uma mesa com os cotovelos apoiados na superfície, mas também já vi gente sentada em uma cadeira agir assim, abraçando-se enquanto massageia o outro braço para aliviar a tensão.

245. Cruzar os braços segurando o pulso

Quando confrontados com informações prejudiciais em um ambiente policial, os interrogados podem estender a mão sobre o abdome e segurar o pulso da outra mão enquanto estão sentados. O gesto costuma ocorrer imediatamente após uma pessoa receber uma pergunta difícil ou ser acusada de algo. Jogadores de pôquer foram observados exibindo esse comportamento quando sua combinação de cartas era fraca ou insuficiente para ganhar a partida.

246. Estender os braços

Pessoas que esticam os braços sobre várias cadeiras ou um sofá demonstram confiança: estamos diante de uma exibição territorial. Executivos seniores farão isso com mais frequência do que funcionários juniores. Observe se a pessoa recolhe os braços quando alguém de posição ou status mais alto entra no recinto.

247. Abrir os cotovelos

Quando as pessoas se sentem fortes e confiantes, gradualmente ocupam mais espaço, abrindo os cotovelos sobre uma mesa. O movimento tende a ser subconsciente, e elas geralmente não percebem que estão demonstrando sua autoconfiança.

248. Juntar os cotovelos

Quando estamos sentados com os braços sobre uma superfície e nos sentimos inseguros ou ameaçados, juntamos os cotovelos sobre a mesa. Podemos usar isso como métrica para aferir o quanto os outros estão comprometidos ou confiantes à medida que diferentes tópicos são discutidos.

249. Flexionar os cotovelos

Levamos as mãos aos quadris ou à cintura e flexionamos os cotovelos para fora (como uma borboleta batendo as asas) cada vez que queremos enfatizar o que estamos dizendo. Essa é uma exibição territorial que também projeta confiança. Já vi gerentes, técnicos e oficiais militares flexionarem o cotovelo ao enfatizarem um ponto específico.

250. Dar os braços

Em muitas partes do mundo, andar ou se sentar de braços dados com outra pessoa, entrelaçados na altura dos cotovelos, é um sinal de proximidade ou de que estão tendo uma conversa muito particular. Esse comportamento aproxima os quadris, o que sugere que as coisas estão fluindo bem. Nos países mediterrâneos ou na América do Sul, não é incomum ver tanto homens quanto mulheres andando de braços dados.

251. Pulsos

Podemos não pensar nessa área do corpo como uma janela para a mente, mas é. Expomos aos outros a parte interna do pulso quando gostamos deles ou nos sentimos confortáveis perto deles. Segurando uma bebida ou um cigarro, as mulheres expõem a parte interna do pulso a uma pessoa próxima se estiverem interessadas nessa pessoa ou confortáveis em sua presença. No minuto em que não estiverem mais, elas vão girar o pulso e mostrar apenas a parte externa. Nosso sistema límbico nos protege afastando as áreas mais sensíveis – a parte interna dos braços, o pescoço, o abdome – daqueles de quem não gostamos ou que consideramos perigosos.

252. Arrepio

Também chamado popularmente de "calafrio" ou de "pele arrepiada", essa é uma reação involuntária ao frio ou talvez até ao medo – geralmente visível nos braços e nas pernas. Arrepios fazem com que o pelo fique em pé na superfície da pele, razão pela qual o termo médico para isso é horripilação. Nos primatas, os pelos se eriçam de modo perceptível quando estão com medo, para fazê-los parecer maiores. Uma vez que nós, como espécie, perdemos a maior parte dos pelos corporais, só vemos resquícios da horripilação nos arrepios.

253. Pelos eriçados

Às vezes, os pelos dos braços, do tronco ou da nuca ficam visivelmente eriçados. De uma perspectiva evolutiva, acredita-se que isso seja uma resposta vestigial que compartilhamos com os primatas para parecermos maiores quando estamos assustados ou com medo. Quando subconscientemente consideramos uma pessoa, um lugar ou uma situação perigosa, os pelos da nossa nuca se arrepiam. Essas sensações de mal-estar ou perigo, de acordo com Gavin de Becker em seu livro *Virtudes do medo*, não devem ser ignoradas.

254. Suor excessivo

Pessoas sob estresse podem suar profusamente de uma hora para outra, como forma de refrescar o corpo por meio da transpiração. Muitos traficantes de drogas foram detidos ao entrar no país porque eram os únicos com marcas de suor nas axilas e o pescoço brilhando de umidade quando se aproximavam do funcionário da alfândega. A transpiração excessiva pode sinalizar que uma pessoa está escondendo algo ou prestes a cometer um crime. Isso não significa que toda pessoa suada seja culpada de alguma coisa – apenas que cabe a nós prestar mais atenção.

255. Automutilação
Indivíduos que sofrem de transtorno de personalidade limítrofe, bem como outros emocionalmente instáveis ou deprimidos, podem ter cicatrizes onde se cortaram, esfolaram ou se queimaram de modo intencional. Reconhecer esses sinais nos outros é fundamental para ajudá-los. Mesmo que não peçam por socorro, estão comunicando não verbalmente suas necessidades mentais.

256. Sinais de uso de agulha injetável
Indivíduos que usam heroína e outras drogas intravenosas terão cicatrizes nas veias na parte interna dos braços. Em viciados de muitos anos, podem ser bastante evidentes.

Mãos e dedos

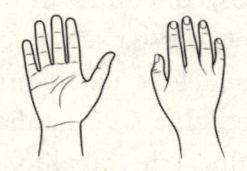

A mão humana é única. Ele pode segurar um bisturi e realizar uma cirurgia delicada ou pegar um pincel e pintar o teto da Capela Sistina. As mãos gentilmente nos embalam ao nascer e com a mesma facilidade seguram o cabo de um machado com força suficiente para derrubar uma árvore. São indispensáveis para trabalhar, brincar e nos proteger, e contamos com elas todos os dias para interagir com o mundo. Também as usamos para nos comunicar de forma eficaz – seja parando o trânsito em um cruzamento de escola, seja regendo uma orquestra, seja sinalizando para um amigo que venha depressa. Nossas mãos constantemente informam aos outros nossas paixões, habilidades, preocupações, nossos desejos e, mais importante, por meio do toque mais suave, nosso amor.

257. Condição das mãos

Você pode deduzir muito a partir das mãos de uma pessoa. Asseio, cicatrizes e calos podem indicar que tipo de trabalho ela faz; as mãos de um funcionário de escritório são bem diferentes das de um pedreiro. Da mesma forma, a condição das mãos e o movimento ou a agitação dos dedos podem sinalizar artrite ou distúrbios neurológicos.

258. Cuidados com as mãos

Mãos bem-cuidadas são sinais de um indivíduo saudável. Dedos limpos, com unhas de comprimento adequado, indicam que a pessoa se preocupa com ela mesma. Contrasta com aqueles que têm unhas sujas ou compridas, cutículas descuidadas ou unhas roídas. Na paquera e até mesmo no local de trabalho, muitas vezes tiramos conclusões a partir do cuidado e da aparência das mãos de uma pessoa.

259. Frequência de toque

A frequência com que tocamos os outros é uma boa maneira de comunicar como nos sentimos em relação a eles. Embora o tipo de toque seja determinado em algum nível pela cultura, na maioria das vezes, quando nos importamos com os outros, tendemos a tocá-los com mais frequência.

260. Tipos de toque

Um toque pode ser respeitoso, amoroso, brincalhão, sensual, reservado, terno, carinhoso ou paliativo. Feito com leveza, pode causar arrepios na espinha, estimulando o desejo sexual. Na verdade, um toque leve estimula o cérebro de forma diferente de um mais pesado. O toque amoroso de uma pessoa carinhosa com toda a palma da mão, aquecido pela presença de sangue perto da superfície da pele, pode comunicar muito, tanto a um recém-nascido quanto a um amante. No entanto, quando nosso chefe nos dá um tapinha no ombro apenas com a ponta dos dedos e diz "Bom trabalho", nossa pele se arrepia porque o gesto não parece adequado; sabemos que em geral é artificial e vazio.

261. Toque e status social

Na maioria das culturas, as convenções sociais ditam quem podemos tocar e como. Em quase todas as sociedades, indivíduos de maior status tocam indivíduos de menor status com mais frequência do que o contrário. Em um ambiente profissional, é mais fácil ver o chefe dando um tapinha no ombro do funcionário do que um funcionário dando um tapinha no ombro do chefe. Devemos estar cientes de quando e onde é apropriado tocar (braço ou cotovelo, por exemplo), e quando ou se será apreciado.

262. Corpo a corpo

Essa é uma expressão frequentemente usada por políticos e refere-se à situação de apertar as mãos dos eleitores, dar tapinhas nos braços, abraçar, segurar ou beijar bebês. Pode ser uma oportunidade para os políticos se humanizarem e estabelecerem vínculos físicos. A conexão é literalmente química, pois a oxitocina (um hormônio poderoso que serve para nos ligar socialmente) é liberada quando tocamos os outros.

263. Mãos no quadril ou na cintura com polegares para trás

Essa postura, com os polegares para trás e os cotovelos para fora, é uma exibição de dominância. Sinaliza que um indivíduo está pronto e alerta, tem algo a discutir ou que há um problema. Funcionários de companhias aéreas dizem que se uma pessoa faz isso enquanto espera na fila, pode apostar que ela tem uma reclamação. É uma pose muito autoritária. Não é uma boa maneira de falar com os filhos – inibe a comunicação, pois o pai ou a mãe parece um instrutor militar.

264. Mãos no quadril ou na cintura com polegares para a frente

Essa é mais uma exibição de curiosidade. A posição dos polegares pode parecer um detalhe menor, mas é significativa. Os espectadores geralmente ficam de pé dessa maneira ao contemplar um evento, enquanto aqueles que agem (polícia, bombeiros) o fazem com os polegares para trás.

265. Exibição das mãos para marcar território

É quando uma pessoa estende as mãos sobre uma mesa ou outra superfície como forma de intimidação leve. Pense no balcão de devoluções de uma loja e no cliente cada vez mais irritado, discutindo com o funcionário e ocupando cada vez mais espaço com as mãos. À medida que as emoções se inflamam, observe como as mãos cobrem um "território" cada vez maior.

266. Afastamento brusco

Um braço rígido se afastando subitamente da mesa é um indicador muito preciso de que a pessoa discorda de algo dito ou discutido, ou se sente ameaçada. A velocidade do movimento importa: quanto mais rápido, mais inquietante.

267. Brincar com objetos

Mexer nas joias, bater no lápis e checar o celular entram nessa categoria e funcionam como gestos pacificadores. São vistos em pessoas esperando para serem entrevistadas para um emprego ou que apenas querem passar o tempo. É diferente do "toque substituto" (veja o verbete 291).

268. Posicionar objetos

Podemos nos cercar de objetos – lápis e papel na mesa de trabalho, um casaco na cadeira de teatro – para demarcar nosso território. Ficar trocando objetos de posição também sinaliza que não estamos totalmente interessados em nosso interlocutor ou que um relacionamento está com problemas. Em um restaurante, por exemplo, quando as coisas vão bem, tendemos a tirar os objetos do caminho para ter uma visão mais clara do nosso acompanhante; do contrário, colocamos flores ou uma garrafa de bebida em nossa linha de visão para servir de barreira. A atitude de alguém que move objetos enquanto fala é especialmente reveladora.

269. Mãos em torre

É o gesto de juntar a ponta dos dedos de ambas as mãos, abrindo os dedos e, em seguida, arquear as mãos de modo que as pontas dos dedos formem uma torre. Essa demonstração universal de confiança é frequentemente usada por pessoas em posição de liderança, como a ex-chanceler alemã Angela Merkel. É um gesto útil para convencer os outros de que você está comprometido com o que pensa ou diz. Observe, no entanto, que confiança nem sempre garante precisão. Uma pessoa pode estar errada em seus argumentos, mas mostrar-se confiante ao expô-los.

270. Torre modificada

Consiste no entrelaçamento de todos os dedos, com exceção dos indicadores, que ficam eretos e se tocam na ponta. Parece mais contrito do que uma torre normal, no entanto ainda expressa segurança e confiança.

271. Mãos em posição de prontidão

Acontece quando as mãos são mantidas a um palmo de distância do abdome, na altura da cintura, com as palmas voltadas uma para a outra e os dedos separados. Os oradores costumam fazer isso para capturar a atenção do público em um momento importante. É diferente da posição suplicante abordada a seguir, em que a palma das mãos fica voltada para cima; aqui, as palmas estão viradas uma para a outra, como se a pessoa estivesse segurando uma bola. Para quem fala em público, esse é um gesto útil para adicionar ao repertório.

272. Mãos em posição suplicante

Esse é um comportamento universal de humildade, submissão ou cooperação, exibido por pessoas que querem ser aceitas ou que acreditem nelas. Apresentar as palmas das mãos voltadas para cima é uma maneira universal de dizer "Minhas mãos estão limpas", "Não estou escondendo nada", "Eu imploro" ou "Estou às ordens". Também é um gesto usado em cerimônias religiosas para demonstrar humildade e piedade.

273. Exibir as palmas viradas para baixo
É mais assertivo do que exibir as palmas voltadas para cima. É um gesto que se faz com as mãos apoiadas em uma mesa ou simbolicamente no ar. Quanto mais afastados estiverem os braços (em um gesto com as duas mãos), ou quanto mais forte o indivíduo bater a mão na mesa, mais comprometida a pessoa. Declarações como "Não fiz isso", ditas com as palmas das mãos pressionando fortemente o tampo da mesa, tendem a ter maior validação. Mentirosos tentam fazer isso da forma correta, mas geralmente realizam o gesto de maneira muito passiva.

274. Palmas para baixo, dedos espalhados
Quando uma pessoa faz uma declaração formal, como "Eu não fiz isso", com a palma das mãos firmemente virada para baixo e os dedos bem abertos, é mais provável que seja uma resposta autêntica. Nunca vi um mentiroso conseguir imitar esse gesto com sucesso, talvez porque a parte pensante do cérebro esteja fora de sincronia com a parte emocional. Em outras palavras, eles sabem o que dizer – "Eu não fiz isso" –, mas não sabem dramatizar porque o lado emocional do cérebro não está totalmente comprometido com aquela versão dos fatos.

275. Conter a mão
Especialistas em detecção de mentiras, em particular Aldert Vrij, notaram que, quando as pessoas mentem, elas tendem a usar menos as mãos e os braços. Esse fato pode ser um poderoso marcador comportamental, embora possa simplesmente indicar timidez ou desconforto. É importante ter observado o comportamento normal da

pessoa antes, para ter uma linha de base. Trata-se de um comportamento a ser analisado, mas não deve necessariamente ser considerado sinal de mentira.

276. Esfregar as mãos
Esse gesto comunica preocupação, dúvida, ansiedade ou insegurança. O grau de estresse é refletido na força com que as mãos são torcidas. Marcas vermelhas e brancas na pele indicam um nível elevado de desconforto.

277. Segurar os dedos
Quando conhecemos pessoas pela primeira vez ou nos sentimos um pouco inseguros, tendemos a segurar os dedos juntos, levemente à nossa frente. É um comportamento muito tátil e calmante. O príncipe Harry é famoso por fazer isso, mas todos agem assim enquanto esperam pacientemente em uma fila ou falam com alguém pela primeira vez.

278. Mãos trêmulas
Quando estamos agitados ou estressados, nossas mãos podem ficar inquietas. O nervosismo, é claro, também pode ser causado por distúrbio neurológico, doença ou drogas, mas na maioria das vezes, quando uma pessoa parece saudável e suas mãos tremem, devemos prestar atenção. Ela pode derrubar acidentalmente objetos, como taças de vinho, quando estressada; ou talvez seja possível observar o tremor na colher que estiver segurando. Dedos e mãos podem tremer incontrolavelmente após um acidente ou quando recebemos notícias terríveis.

279. Mãos como âncoras
Aqui tomamos posse de um objeto para que os outros saibam que é nosso. Também agimos assim com pessoas, ao conversarmos com alguém de quem gostamos usando a mão como âncora, para que os outros fiquem longe. O gesto é visto com mais frequência em bares ou festas – os homens orbitam em torno do ponto de ancoragem, como se estivessem permanentemente "atracados", para garantir que outros não se intrometam. É uma exibição territorial.

280. Virar a mão para o rosto
Esse gesto pode ser a afronta final em uma discussão. A palma da mão virada para o rosto da outra pessoa diz a ela para parar, dá um basta no que quer que ela esteja fazendo. É muito ofensivo e não tem lugar na comunicação interpessoal amável nem nos ambientes de negócios.

281. Autotoque ao responder
Algumas pessoas, ao responder a uma pergunta, tocam ou acariciam alguma parte do próprio corpo, numa atitude tranquilizadora, em vez de enfatizar a mensagem com gestos. Ao longo dos anos, observei que esses indivíduos são menos confiantes do que aqueles que usam as mãos para ilustrar um argumento.

282. Dedos entrelaçados, polegares para cima
Declarações feitas com os polegares para cima enquanto os dedos estão entrelaçados indicam confiança. Em geral as pessoas fazem isso com as mãos no colo ou sobre uma mesa; os polegares levantam-se enquanto elas genuina-

mente enfatizam um ponto. Esse é um comportamento muito fluido que pode mudar dependendo das emoções do momento, bem como do comprometimento da pessoa com o que está dizendo.

283. Dedos entrelaçados, polegares para baixo
Posicionar os dedos dessa maneira tende a revelar pouca confiança ou emoções negativas em relação ao que está sendo discutido. Quando estamos realmente confiantes sobre o que dizemos, elevamos os polegares de modo inconsciente. Os polegares de uma pessoa podem ir de cima para baixo durante uma conversa, dependendo de como ela se sente sobre um tópico.

284. Massagear os polegares
A massagem no polegar é um elemento pacificador suave. As mãos estão entrelaçadas e o polegar em cima alisa o de baixo repetidamente. Pode ser observado quando a pessoa espera que algo aconteça, embora também possa fazê-lo enquanto fala, se estiver um pouco nervosa ou ansiosa.

285. Girar os polegares
É uma maneira de passar o tempo ou lidar com uma pequena carga de estresse. A natureza repetitiva do gesto acalma o cérebro.

286. Dedos juntos
Quando nos sentimos preocupados, confusos, humilhados, assustados ou encurralados, subconscientemente diminuímos o espaço entre os dedos. No extremo, quan-

do estamos muito preocupados, dobramos os dedos para que não apontem para fora. Neste gesto, nosso cérebro límbico garante que os dedos não estejam expostos se houver uma ameaça.

287. Polegares para fora
Quando nos sentimos confiantes, o polegar se afasta do dedo indicador. Isso é observado com facilidade quando as mãos estão sobre uma mesa. A distância entre o polegar e o indicador pode servir como medida do nível de confiança de uma pessoa. Também pode revelar o nível de comprometimento de alguém com o que diz: quanto maior a distância, maior o comprometimento.

288. Esconder os polegares
Quando nos sentimos inseguros ou ameaçados, escondemos os polegares inconscientemente, colocando-os ao lado ou sob os outros dedos. É uma tática de sobrevivência, semelhante aos cães abaixando as orelhas para se preparar caso seja necessário fugir ou lutar.

289. Exibição ostensiva de polegares
Preste atenção nas pessoas que mostram os polegares enquanto seguram a lapela do casaco ou os suspensórios da calça. Vejo muitos advogados fazendo esse gesto no tribunal. Tal como acontece com outras exibições de polegar para cima, normalmente significa que a pessoa está confiante no que está fazendo, pensando ou dizendo.

290. Polegares para cima em sinal de ok

Nos Estados Unidos, é um sinal muito claro de que está tudo bem. Já foi usado rotineiramente para pedir carona. No entanto, em algumas culturas no Oriente Médio, o polegar levantado é um símbolo fálico e deve ser evitado.

291. Toque substituto

Às vezes, no início de um relacionamento romântico, desejamos um contato físico mais próximo com a outra pessoa, mas sentimos que é cedo demais. Então, transferimos esse desejo para um objeto. Podemos acariciar nosso próprio braço ou deslizar a mão em torno de um copo repetidamente. O toque substituto é uma forma de flerte subconsciente, bem como um apaziguador do estresse, servindo muitas vezes como um substituto eficaz do toque que tanto queremos.

292. Toque recíproco

Nesse gesto, alguém estende a mão para nos tocar e retribuímos o toque. Geralmente é um sinal de harmonia social e conforto; então, quando não é correspondido, pode haver um problema. Muitas vezes, nas relações profissionais, quando alguém está prestes a ser rebaixado ou demitido, haverá menos contato recíproco por parte do gestor nos dias anteriores à demissão do funcionário. Isso também acontece em um namoro prestes a terminar.

293. Segurar-se nos móveis

Quando alguém se apoia na cadeira, na beirada de uma mesa ou de um púlpito enquanto faz uma declaração, está comunicando dúvida e insegurança. Às vezes, vejo isso quando uma pessoa está relutante em endossar um contrato. Como observador, você deve sempre questionar que insegurança impulsiona esse comportamento.

294. Comportamentos de apego
Quando as crianças estão sob estresse, elas seguram a roupa do parente mais próximo em busca de conforto. Na ausência de um dos pais ou de um objeto, também agarram as próprias roupas como se fossem um cobertor de segurança – o que, em essência, são. Os adultos às vezes fazem isso enquanto se preparam para uma entrevista de emprego ou um discurso. O grande tenor Luciano Pavarotti segurava um lenço na mão durante a apresentação, o que, segundo ele disse em entrevistas, lhe transmitia "segurança" e "conforto".

295. Enfatizar com as mãos
Quando estamos confortáveis, nossas mãos naturalmente gesticulam de maneira enfática. Em algumas culturas, sobretudo na região do Mediterrâneo, os gestos ganham intensidade, o que é altamente significativo no contexto. Grandes oradores também gesticulam com frequência. Pesquisadores nos dizem que quando a pessoa mente, ela faz menos gestos com as mãos – e com menos ênfase. Se as mãos relaxarem ou se contiverem, é provável que a pessoa esteja perdendo a confiança no que está dizendo.

296. Mostrar o dedo médio
Paul Ekman, psicólogo pioneiro, observou pela primeira vez como os indivíduos que guardam animosidade em relação aos outros subconscientemente "mostram o dedo"

(o dedo indecente geralmente é o dedo médio ou o mais longo, como em "F*-se!") coçando o rosto ou o corpo com ele, ou até mesmo apenas empurrando os óculos de volta no lugar. É um sinal subconsciente de desrespeito.

297. Apontar com o dedo
Em quase todo o mundo, ninguém gosta de ter um dedo apontado para si. Se você tiver que apontar, especialmente em um ambiente profissional ou romântico, use a mão toda, com os dedos juntos em vez de com um único dedo. Isso também se aplica ao apontar para objetos. Ao direcionar alguém para uma cadeira, faça-o com a mão inteira.

298. Golpear com o dedo
Agitar um dedo na direção do peito ou do rosto de alguém, como se fosse um golpe, é um comportamento altamente antagônico. Quando o dedo, de fato, encosta no outro, o gesto se torna ainda mais ameaçador.

299. Usar o dedo como batuta
Aqui, o indicador é usado para manter o ritmo de fala, cadência ou música. Ele fornece ênfase quando segue um ponto no discurso. É visto com mais frequência nos países mediterrâneos, e algumas pessoas se ofendem com esse dedo "abanador" porque não entendem que é um traço cultural, usado para enfatizar, não necessariamente um comportamento antagônico.

300. Empurrar com as duas mãos
Costumamos ver isso quando alguém está falando em público: a pessoa posiciona as mãos à frente do corpo,

com as palmas voltadas para a audiência, figurativamente empurrando-a para longe. Tem conotação negativa subconsciente, como quando alguém diz "Eu sei como você se sente", mas em essência está sinalizando "Vá embora".

301. Roer as unhas
Roer as unhas ou as cutículas é uma forma de aliviar a tensão e a ansiedade. Demonstra preocupação, falta de confiança ou insegurança. Mesmo pessoas que nunca roeram as unhas podem passar a agir assim sob estresse extremo. Esse comportamento pode se tornar patológico a ponto de danificar a pele e até ulcerar os dedos, destruindo a cutícula ou outro tecido saudável.

302. Tamborilar
Esse gesto ajuda a passar o tempo e, como outros comportamentos repetitivos, acalma. Em ambientes profissionais, é visto quando as pessoas esperam que alguém apareça ou termine de falar. É uma maneira de dizer: "Vamos, vamos fazer as coisas andarem aqui." É semelhante a tamborilar a bochecha (veja o verbete 170).

303. Mãos no bolso
Muitas pessoas se confortam colocando uma ou ambas as mãos nos bolsos enquanto conversam com outros. Mas, às vezes, o gesto é considerado muito informal, e em certas culturas é tido como rude. Deve-se notar que alguns erroneamente pensam que manter as mãos nos bolsos é suspeito ou enganoso.

304. Massagear o punho fechado

Massagear o punho fechado com a outra mão é um comportamento de autocontenção e pacificador. Em geral significa que a pessoa está em conflito ou preocupada e experimentando muita tensão. O gesto é visto com frequência entre jogadores de pôquer e corretores de ações, ou onde quer que se possa ganhar ou perder rapidamente uma fortuna.

305. Punho de orador

Às vezes, vemos um orador fechar o punho enquanto enfatiza um tópico. Isso não é incomum, especialmente entre oradores muito dramáticos ou entusiasmados. Menos comum é ver alguém fechar a mão em punho enquanto espera sua vez de falar. Isso geralmente indica problemas reprimidos, energia limitada ou antecipação a alguma resposta física. Diz-se que Theodore Roosevelt, um dínamo de ação e aventura, sempre se sentava com os punhos cerrados, como se estivesse retendo energia.

306. Esfregar os dedos na palma da mão

Seja com os dedos da mesma mão, seja com os da outra, esse é um gesto pacificador. Quando feito repetidamente, ou com pressão aumentada, sinaliza grande ansiedade e preocupação.

307. Esfregar os dedos com as mãos abertas

Quando as pessoas sentem preocupação, estresse, ansiedade ou medo, elas podem se acalmar movimentando os dedos entrelaçados e esticados para a frente e para trás. O entrelaçamento proporciona uma área de estímulo maior, aliviando a tensão. Esse é um dos melhores indicadores de que algo está muito errado ou alguém está severamente estressado. É um comportamento que a maioria reserva para quando as coisas estão especialmente ruins. Em situações menos terríveis, as pessoas apenas torcem ou esfregam as mãos, sem entrelaçar os dedos. O que diferencia esse comportamento é justamente o entrelaçar dos dedos esticados.

308. Dedos entrelaçados, palmas para cima ou para baixo

Essa é uma variante extrema de entrelaçar os dedos para afastar o estresse. Aqui a pessoa mantém as mãos com a palma para cima e entrelaça os dedos, levando as mãos em direção ao rosto e fazendo um triângulo de aparência estranha, com os cotovelos para baixo e as palmas arqueadas para cima. Na variante com a palma para baixo, os dedos são entrelaçados na frente da virilha como se fossem estalar as articulações dos dedos. Ao retesar os músculos, as articulações e os tendões da mão, essa contorção dos braços e dos dedos alivia o estresse. Certa vez, vi um adolescente fazer esse gesto enquanto esperava a mãe vir buscá-lo depois de ele ter batido o carro dos pais.

309. Estalar os dedos

Em todas as suas formas, é um comportamento pacificador. Parece aliviar a tensão para algumas pessoas e, por isso, percebemos quando estão tensas, nervosas ou mesmo entediadas. As pessoas podem estalar cada junta individualmente ou todos os dedos da mão de uma só vez. O estresse aumenta a frequência desse comportamento.

310. Estalar os dedos entrelaçados
Esse comportamento é realizado entrelaçando os dedos, com os polegares para baixo, e depois esticando os braços para a frente até as articulações dos dedos estalarem. Tal como acontece com os comportamentos de torção similares, sinaliza alto desconforto psicológico, estresse ou ansiedade. Também funciona como um duplo pacificador, reunindo dois elementos reconfortantes: entrelaçar e estalar os dedos. É visto com mais frequência nos homens.

311. Tapinhas na lateral das pernas
As pessoas fazem isso, geralmente perto dos bolsos, quando estão impacientes ou irritadas. Vejo sempre o gesto em clientes esperando para fazer check-in em hotéis. A natureza tátil e a repetição fazem desse ato tanto uma distração quanto um pacificador útil.

312. Ajeitar a aparência
Ajustar a gravata, reposicionar a pulseira, alisar uma camisa, arrumar o cabelo, reaplicar o batom, tirar a sobrancelha – são todos gestos para melhorar nossa aparência. Nós os realizamos quando nos importamos o suficiente para buscar o melhor visual possível. Alisar ou afagar o cabelo é um indicador frequente de interesse romântico. Um fato curioso: quando os advogados arrumam o terno (um gesto de ajeitar a aparência) enquanto o júri entra na sala, eles são subconscientemente percebidos pelos jurados como mais simpáticos.

313. Arrumar a aparência de maneira desdenhosa

O ato de tirar fiapos ou cabelos da roupa ou limpar as unhas ao ser abordado por outra pessoa é, na melhor das hipóteses, falta de consideração ou desrespeito e, na pior, desprezo – quase o oposto do que acabei de descrever.

314. Mão na perna, cotovelo para fora

Sentar-se com a mão na perna e o cotovelo para fora geralmente indica que a pessoa está confiante. À medida que uma conversa evolui, podemos observar a autoconfiança de uma pessoa aumentando e diminuindo – basta observar esse gesto. A postura de cotovelo para fora é uma exibição territorial.

315. Dedos dobrados e estalar de unhas

Muitas vezes, quando as pessoas estão nervosas, agitadas ou estressadas, elas dobram os dedos (geralmente em uma mão) e estalam as unhas contra a unha do polegar. O gesto pode ser feito com apenas dois dedos ou com vários. É uma maneira de se acalmar, mas pode ser desagradável para os outros.

316. Aperto de mãos

O aperto de mão é o gesto de saudação preferido no Ocidente, apropriado tanto em ambientes profissionais quanto pessoais. Um aperto de mão é, muitas vezes, o primeiro contato físico e a primeira impressão que você deixará em outra pessoa, e por isso é importante acertar. Pense em quantas vezes você recebeu um aperto de mão "ruim" (forte, suado, gentil ou demorado demais). Isso deixa uma impressão negativa que pode perdurar e fazer com que relutemos em apertar a mão dessa pessoa de novo. Um bom aperto de mão começa com um contato visual agradável, um sorriso, se for o caso, e o braço estendido com uma leve flexão no cotovelo. Os dedos se aproximam da mão da outra pessoa apontando para baixo, as mãos se fecham com pressão igual, abraçando uma à outra (o que permite a liberação do hormônio oxitocina, fortalecendo o vínculo social), e depois de poucos segundos o aperto se desfaz. Pessoas mais velhas preferem menos pressão, e as de status mais alto definem a duração e a pressão.

317. Aperto de mão oferecido

Em algumas culturas, sobretudo em partes da África, é costume saudar uma pessoa reverenciada ou importante apoiando a mão direita estendida sobre o antebraço da mão esquerda. A mão está literalmente sendo oferecida como se fosse algo precioso, na esperança de que o interlocutor a receba, honrando assim o ofertante. Esse gesto pode parecer estranho a princípio para os observadores ocidentais, mas é um ato de deferência e alto respeito e deve ser aceito como tal.

318. Namastê

Nesta saudação tradicional indiana, as palmas das mãos se juntam à frente do peito, os dedos apontando para cima e os cotovelos para fora. Às vezes há uma pequena reverência ou uma inclinação para a frente e um sorriso. É uma saudação formal – em certo sentido, substitui o aperto de mão – e também pode ser utilizada para dizer "até mais". Esse gesto tem um significado mais profundo do que o aperto de mão ocidental e deve ser recebido com respeito.

319. Dar as mãos
Dar as mãos é uma tendência humana inata, algo que as crianças fazem desde cedo, primeiro com os pais e depois com os colegas. Nos relacionamentos românticos, tanto a frequência quanto o tipo (palma com palma ou dedos entrelaçados, o que é mais íntimo e estimulante) sinalizam quão próxima ou séria é a parceria. Em algumas partes do mundo, como Egito, Arábia Saudita e Vietnã, é muito comum ver homens caminhando juntos de mãos dadas.

320. Sinal de ok
Ao falar sobre algo muito certeiro, a pessoa junta a ponta do dedo indicador e a do polegar formando um círculo – o que nos Estados Unidos chamamos de sinal de ok. Esse gesto é muito comum em todo o Mediterrâneo e serve para enfatizar um ponto específico. Nos Estados Unidos, também usamos esse gesto para indicar concordância ou que está tudo bem, mas em outros países, como o Brasil, esse sinal pode ser erroneamente interpretado como um gesto vulgar, conotando um orifício.

321. Polegar do político
Quando políticos estão falando, eles geralmente estendem o braço em direção ao público ou no ar enquanto pressionam o polegar contra o dedo indicador dobrado para enfatizar um argumento forte e preciso. É mais comum nos Estados Unidos do que em outros países e, portanto, tem um viés cultural. Bill e Hillary Clinton,

Barack Obama e o primeiro-ministro canadense Justin Trudeau são conhecidos por esse gesto.

322. Brincar com o anel
Girar a aliança de casamento ou ficar tirando-a e recolocando-a é um comportamento repetitivo que acalma ou ajuda a passar o tempo. Não é, como algumas pessoas afirmam, uma indicação de infelicidade conjugal. É apenas um gesto repetitivo calmante.

323. Afastar objetos
Quando temos sentimentos negativos em relação a algo ou a alguém, muitas vezes subconscientemente tentamos nos distanciar. Pessoas em dieta podem empurrar uma cesta de pão alguns centímetros mais longe na mesa do jantar, ou, se não gostarem de bebida alcoólica, até mesmo pedir que as taças de vinho vazias sejam retiradas da mesa. Já vi criminosos se recusarem a tocar uma fotografia ou empurrá-la para longe sobre a mesa porque se reconheceram na imagem. São comportamentos importantes de se observar porque revelam o que está em primeiro lugar na mente da pessoa naquele momento.

324. Relutância em tocar com a palma da mão
A relutância consistente de uma mãe ou um pai em tocar o filho com a palma da mão pode sinalizar problemas significativos – seja indiferença em relação à criança, seja outra forma de distanciamento psicológico anormal. Quando casais param de se tocar com as palmas das mãos, usando, em vez disso, a ponta dos dedos, é provável que haja problemas no relacionamento (veja o verbete 260).

325. Movimentos erráticos do braço e da mão
Às vezes somos confrontados por um indivíduo que faz movimentos erráticos com os braços e as mãos, em desarmonia com o restante do corpo e com o ambiente. Nesses casos, o melhor a fazer é admitir a possibilidade de uma condição ou de um distúrbio mental. É importante compreender para prestar assistência, se necessário, sem ficar olhando como se fosse um espetáculo.

Peito, tronco e abdome

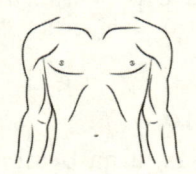

O torso abriga a maioria dos nossos órgãos vitais – coração e pulmão entre eles. Geralmente é a maior parte do corpo em massa e a primeira área que tendemos a proteger quando nos sentimos ameaçados. É o outdoor do corpo, oferecendo pistas (com a ajuda de nossas roupas) sobre quem somos, a que grupo pertencemos, com o que trabalhamos e até mesmo sobre nossa aptidão física. Nosso torso, embora raramente reconhecido no estudo da comunicação não verbal, é, na verdade, uma ótima fonte de coleta de informações sobre as escolhas de vida e os sentimentos das pessoas.

326. Peito arfante e respiração rápida

Quase sempre indicam estresse, preocupação, medo, angústia ou raiva. É claro que o contexto é importante, pois há muitas razões para esse comportamento, incluindo idade, esforço físico recente, ansiedade ou até mesmo ataque cardíaco. O importante é observar e estar pronto para agir, se necessário.

327. Respiração superficial e rápida
É um provável sinal de medo ou ansiedade, talvez até de um ataque de pânico. Quanto mais superficial e rápida a respiração, maior a angústia. Sugira à pessoa que inspire longamente e expire lentamente (de 3 a 5 segundos) e que então repita o processo. Isso ajuda a desacelerar a respiração.

328. Pressionar o peito
Em situações tensas, uma pessoa pressionará a área do tórax/diafragma com o polegar e o dedo médio (às vezes usando todos os dedos) para aliviar o repentino estresse reprimido. A pressão administrada no plexo solar, ou tronco celíaco, próximo ao centro do tórax, área rica em nervos, parece ter um efeito pacificador. A pressão pode ser muito leve ou extremamente forte, dependendo das necessidades do indivíduo. Não é incomum que alguém que receba notícias trágicas pressione o próprio peito.

329. Massagear a clavícula
Sob estresse, os indivíduos massageiam a clavícula do lado oposto (por exemplo, colocando a mão direita sobre a clavícula esquerda). O braço cruzado no centro do corpo proporciona uma sensação de proteção, enquanto o toque repetitivo na clavícula acalma. Essa área do corpo é muito sensível ao toque – uma das razões pelas quais é considerada uma zona erógena.

330. Massagear o peito repetidamente
O toque repetitivo na área superior do tórax, com os dedos e o polegar movendo-se para a frente e para trás,

costuma ser indício de insegurança, preocupação ou problemas. Esse comportamento é um indicador extremamente confiável de ansiedade ou até mesmo de um ataque de pânico latente. Os dedos ficam dobrados, como se fossem uma garra ou um ancinho.

331. Palma da mão no peito
Em muitas culturas, as pessoas colocam a palma da mão no peito para transmitir sinceridade e como um gesto de boa vontade ao conhecer outros indivíduos. Na minha experiência, tanto o honesto quanto o dissimulado terão esse comportamento, portanto devemos tratá-lo com neutralidade. Em um ambiente forense, se alguém disser "Eu não fiz isso" enquanto coloca a palma da mão no peito, não devemos atribuir ao gesto nenhum tipo de peso ou valor, não importa quão bem executado. Dito isso, notei ao longo dos anos que as pessoas sinceras tendem a pressionar o peito com mais força, com os dedos mais afastados e a mão espalmada, enquanto aqueles que tentam enganar tendem a fazer contato principalmente com a ponta dos dedos, e não com muita força. Ainda assim, não há um gesto único que indique mentira, e esse certamente não o é. Avalie esse comportamento e como ele é realizado em conjunto com outros antes de tirar qualquer conclusão sobre a honestidade de uma pessoa.

332. Puxar a roupa para refrescar
Se a pessoa mantém o colarinho da camisa longe do pescoço por alguns segundos, ou se o puxa repetidamente, estamos diante de um comportamento que também alivia o estresse, como a maioria dos comportamentos de ven-

tilação. É um bom indicador de que algo está errado. É claro que, em um local quente, tais gestos podem estar associados apenas ao calor e não ao estresse. Mas lembre-se: o estresse faz com que nossa temperatura aumente de maneira muito rápida, o que explica por que em uma reunião difícil ou irritante as pessoas procuram esse alívio. Observe que as mulheres geralmente ventilam seus vestidos puxando a parte superior e o abdome. Em um ambiente forense, quando uma pessoa tenta se refrescar ao ouvir uma pergunta ou depois de respondê-la, preste atenção. Muito provavelmente ela não gostou da pergunta.

333. Brincar com zíper
É mais uma forma de se acalmar quando se está nervoso ou tenso. Os alunos podem fazer isso antes de uma prova se estiverem preocupados, e os jogadores de pôquer também agem assim quando em maus lençóis. Observe que é um comportamento pacificador tanto quanto uma maneira de lidar com o tédio.

334. Inclinar-se para trás
É uma forma sutil de distanciamento, algo que fazemos quando estamos sentados ao lado de alguém que diz algo censurável, por exemplo. Muitas vezes vemos isso em programas de entrevistas. Raramente percebemos o quanto nos inclinamos para longe dos outros quando os achamos desagradáveis.

335. Deslizar a cadeira para trás
Empurrar a cadeira para trás e se afastar dos outros em uma mesa é, em essência, uma atitude de distanciamento

que nos oferece isolamento adicional para pensar e contemplar. Indivíduos que não estão convencidos de um argumento, ou que ainda o estão considerando, muitas vezes se afastarão um pouco até estarem prontos para se envolver, e só então levarão a cadeira novamente para a frente. Para alguns, é uma maneira de comunicar uma pausa para refletir sobre o que foi dito, ou – e é aí que outros comportamentos faciais são úteis – se decidiram não apoiar o que está em debate, portanto o afastamento demonstra como se sentem.

336. Sentar-se inclinando o corpo para a frente

Quando estamos prontos para negociar com boa-fé ou fazer concessões, tendemos a passar de uma posição inclinada para trás para a posição inclinada para a frente. Isso muitas vezes mostra que decidimos avançar nas conversas. Se a mesa for estreita, cuidado para não intimidar o parceiro de negociação inclinando-se demais. Se estiver negociando com uma equipe, certifique-se de que todos estejam acomodados da mesma maneira, de modo que a ânsia de fazer concessões não seja revelada por alguém da equipe que faça esse movimento antes da hora.

337. Negação ventral

A região do abdome é uma das mais vulneráveis do corpo. Nós a afastamos dos outros quando não gostamos deles, quando nos incomodam ou quando não apreciamos o que dizem. Ao conhecer alguém a quem você é indiferente, sua saudação facial pode ser amigável, mas seu abdome recuará inconscientemente, o que é chamado de negação ventral. Em essência, você nega a essa pessoa o acesso a sua parte mais vulnerável. Isso pode acontecer até entre amigos se algo desagradável for dito.

338. Exposição frontal do abdome
Quando gostamos de alguém, viramos o abdome para a pessoa, comunicando que estamos interessados e confortáveis. Vemos esse comportamento mesmo em bebês. Se as conversas evoluem, com o tempo também revelaremos os ombros e o torso para aquela pessoa.

339. Cobrir o abdome
A cobertura repentina do abdome com objetos como bolsa ou mochila sugere insegurança ou desconforto com o que está sendo discutido. As pessoas usarão de tudo, desde travesseiros (um casal discutindo em casa) até animais de estimação ou os próprios joelhos para proteger o abdome quando se sentirem ameaçadas ou vulneráveis.

340. Eco postural (espelhamento)
O torso tende a ecoar a postura daqueles com quem nos sentimos confortáveis. Quando estão com amigos, as pessoas podem se perceber refletindo a postura relaxada deles, um bom sinal de que estão à vontade juntos. Na paquera, um indivíduo se inclina para a frente, e o outro, se à vontade, imita o comportamento. O espelhamento sugere concordância na conversa, no humor ou no temperamento.

341. Sentar-se rigidamente
Uma pessoa que se senta muito rigidamente, sem se mover por um longo período, está passando por algo

estressante. Isso faz parte da resposta de congelamento, frequente em ambientes judiciais, interrogatórios policiais e depoimentos, quando o medo impede as pessoas de se mexer. A resposta de congelamento entra em ação subconscientemente, como se a pessoa acabasse de confrontar um leão. Não é um sinal de mentira, mas sim um indicador de desconforto psicológico.

342. Efeito de ejeção do assento
Uma pessoa em uma conversa estressante ou que foi acusada de algo pode se sentar em uma cadeira como se estivesse pronta para ser ejetada de um avião, segurando os apoios de braço com força. É também parte da resposta de congelamento e indica profunda angústia ou sensação de ameaça. O que faz esse comportamento se destacar é a rigidez desses indivíduos, como se estivessem metaforicamente agarrados à vida.

343. Afastar a cadeira
Essa é uma forma de distanciamento quando se inclinar não é suficiente. Literalmente, a pessoa apenas move a cadeira cada vez mais para trás ou para longe, como se ninguém fosse notar. Certa vez, na universidade, presenciei uma discussão áspera em que um professor se afastou completamente da mesa, indo para o canto da sala perto da janela – como se fosse normal. Em um nível subconsciente, esse comportamento tem o propósito de proteger o abdome distanciando-se de uma ameaça percebida, mesmo que ela venha sob a forma de palavras ou ideias.

344. Corpo desleixado
A postura relaxada projeta conforto ou indiferença, dependendo do contexto. É uma técnica de gerenciar a percepção dos outros, frequentemente usada por adolescentes ao lidar com seus pais, com a intenção de demonstrar que não se importam. Em qualquer ambiente profissional formal, a postura desleixada deve ser evitada.

345. Dobrar-se
Pessoas em turbulência emocional podem se curvar para a frente enquanto estão sentadas ou em pé, como se estivessem com dores abdominais. Geralmente fazem isso com os braços dobrados sobre o estômago. Vemos esse comportamento em hospitais e em qualquer outro lugar onde sejam dadas notícias especialmente ruins ou chocantes.

346. Posição fetal
Sob estresse psicológico extremo, as pessoas podem adotar a posição fetal. Isso às vezes é visto durante discussões intensas entre casais, quando um parceiro está tão sobrecarregado emocionalmente que levanta os joelhos e se encolhe em posição fetal – em silêncio – para lidar com o estresse. Ele também pode pegar um travesseiro ou algum outro objeto para segurar contra o abdome (veja o verbete 339).

347. Corpo frio
O estresse pode fazer com que os indivíduos sintam frio em um ambiente confortável. Esta é uma resposta autônoma quando nos sentimos ameaçados, estressados ou

ansiosos. O sangue vai para os músculos maiores, longe da pele, preparando-nos para correr ou lutar.

348. Vestimentas

Como boa parte do que vestimos cobre o torso, é importante mencionar que as roupas comunicam algo e podem trazer vantagens ao usuário. Em geral, o que usamos projeta um status dentro de uma cultura. Das marcas conhecidas às cores, as roupas fazem a diferença na forma como somos percebidos. Podem nos tornar mais submissos ou mais autoritários, ou ajudar a conquistar o trabalho que queremos. Elas também informam de onde somos ou até mesmo para onde estamos indo, bem como os problemas que podemos ter. Em todas as culturas estudadas, as roupas desempenham um papel significativo. É mais um elemento a se considerar quando analisamos indivíduos.

349. Cobrir o abdome durante a gravidez

As mulheres geralmente cobrem a incisura supraesternal ou a garganta com a mão quando se sentem preocupadas ou inseguras. No entanto, quando estão grávidas, muitas vezes erguem a mão na direção do pescoço, mas logo depois a levam ao abdome, para proteger o feto.

350. Coçar o abdome

Gestantes muitas vezes esfregam repetidamente o abdome para lidar com o desconforto, mas também de forma inconsciente, para proteger o feto. Por ser um comportamento tátil repetitivo, ajuda a acalmar, e alguns pesquisadores dizem que contribui para liberar oxitocina na corrente sanguínea.

Quadris, nádegas e genitália

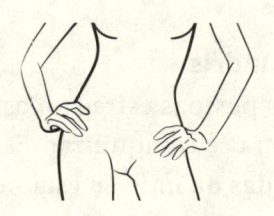

Um guia de linguagem corporal precisa incluir a área entre o umbigo e as coxas. Nossos quadris têm o ângulo exato para favorecer a corrida ou a caminhada em grande velocidade, dão contorno e forma ao corpo, e também dizem algo sobre nossa saúde reprodutiva e nossa sensualidade. Como o renomado zoólogo Desmond Morris aponta em seu livro *Bodywatching* [Observação do corpo], em todo o mundo quadris e nádegas servem para atrair e seduzir. A mais antiga escultura de uma mulher já descoberta, a Vênus de Hohle Fels, de mais de 35 mil anos, é uma obra-prima da forma feminina, enfatizando quadris, genitais e nádegas. Figuras semelhantes foram encontradas em todo o mundo, o que mostra a atração natural que essa área do corpo desperta. Vamos explorar o que ela pode nos comunicar além do óbvio.

351. Movimentar quadris/nádegas
Girar os quadris ou balançar as nádegas é uma maneira de lidar com o estresse, o tédio ou a fadiga de ficar sentado por muito tempo. As pessoas também podem fazer is-

so durante confrontos, quando suas emoções estão à flor da pele ou logo depois, para se acalmar. Você raramente vê esse gesto entre casais no início do relacionamento; tende a aparecer, se é que aparece, mais tarde, quando surgem as primeiras questões.

352. Esfregar os quadris
Sob estresse, as pessoas esfregam as laterais dos quadris e das pernas para se tranquilizar. Esse gesto também seca as mãos suadas quando se está nervoso. Observamos esse movimento entre alunos que se preparam para uma prova ou viajantes que passam pela alfândega.

353. Balançar os quadris para a frente e para trás
Indivíduos sob pressão psicológica podem balançar os quadris para a frente e para trás enquanto estão sentados. Estresse severo, como testemunhar a morte de um ente querido, desencadeia esse comportamento repetitivo e pacificador. Também é visto em pessoas que estão no espectro autista.

354. Balançar os quadris de um lado para outro
Quando entediados, podemos ficar de pé e movimentar os quadris de um lado para o outro, como se estivéssemos embalando um bebê. Esse gingado faz com que o fluido e os pelos dentro do ouvido se agitem, desencadeando uma sensação muito reconfortante. É diferente de balançar os quadris para a frente e para trás, como vimos no verbete anterior.

355. Exibir o quadril

Homens e mulheres exibem os quadris para serem notados, como na famosa estátua de Davi, de Michelangelo, que está em *contrapposto*, com uma perna levemente dobrada, tornando as nádegas mais proeminentes e, portanto, mais atraentes. Quadris largos também podem chamar a atenção – pense em Kim Kardashian, que exibe os dela com orgulho e regularidade. Em muitas culturas, os quadris simbolizam juventude e fertilidade, e são ostentados com destaque, especialmente em situações de interesse amoroso.

356. Tocar a genitália

Professores muitas vezes relatam como os meninos, e às vezes as meninas, tocam a genitália através da roupa. É algo bastante natural; os órgãos genitais contêm um número extraordinário de terminações nervosas que, quando manipuladas, não apenas acalmam as crianças, mas também são agradáveis. Com o tempo, elas superam esse comportamento, que é comum e não deve despertar preocupação.

357. Agarrar a virilha

Esse comportamento, popularizado por Michael Jackson em seu passo de dança, chocou muitos quando visto pela primeira vez, mas hoje é bastante comum no meio artístico. Existem muitas teorias sobre por que alguns homens fazem isso: para atrair atenção, como uma demonstração de masculinidade ou simplesmente para se ajeitar e ficarem confortáveis. Em homens adultos, pode ser bastante perturbador se feito repetidamente e em ambientes onde há proximidade física entre as pessoas, como em um escritório – segundo me relataram várias mulheres. Certamente deve ser evitado em público.

358. Enquadrar a genitália
Nesse gesto típico dos caubóis em filmes ou em fotografias, o homem coloca os polegares dentro das calças ou no cinto e os dedos ficam sobre a virilha. O enquadramento dos genitais é usado para atrair a atenção e funciona como uma exibição masculina. Geralmente os cotovelos são projetados para fora, fazendo o homem parecer maior e mais forte.

359. Cobrir a genitália
Podemos colocar as mãos juntas sobre os órgãos genitais ou a virilha em certas situações – em elevadores, por exemplo, muitos homens olham para os números ou para a porta enquanto fazem isso. Esse comportamento pode ser eficaz para lidar com a ansiedade social.

360. Sentar-se com as pernas abertas
Muitas vezes referido como "sentar que nem homem", é considerado rude devido ao espaço que a pessoa ocupa nessa posição e à exibição deselegante e até desrespeitosa da parte interna das coxas e da virilha.

Pernas

Nossas pernas são únicas no reino animal, pois giram para dentro na altura dos quadris, permitindo-nos andar, correr, escalar, chutar, arremessar, nadar e andar de bicicleta. Nós as usamos para nos locomover, proteger, estabelecer domínio e como uma âncora firme à qual os filhos se agarram quando estão nervosos ou tímidos. Pernas fortes, longas ou atarracadas são tão variadas quanto seus donos. Muitas vezes ignoradas nos estudos de elementos não verbais, elas comunicam tudo, desde elegância até nervosismo e alegria. E, por serem ferramenta de sobrevivência – elas nos ajudam a escapar –, podem ser muito honestas quanto a como nos sentimos em relação aos outros.

361. Distanciamento espacial

O antropólogo Edward T. Hall cunhou o termo *proxêmica* para descrever a necessidade que todos os animais têm de espaço pessoal. Se alguém está muito perto de nós, ficamos desconfortáveis. Nossa necessidade espacial é baseada tanto na cultura quanto na preferência pessoal. A maioria dos americanos se sente confortável, em espaços públicos, a uma distância de 3,5 a 7,5 metros dos outros; em espaços sociais, a distância de 1,2 metro a 3,5 metros é preferida; já em espaços pessoais, sente-se confortável entre 0,5 a 1,2 metro. Quando se trata de espaço íntimo – menos de 30 cm –, somos muito sensíveis a quem chega tão perto. É claro que essas são aproximações, pois é diferente para cada um e varia de acordo com a cultura, a nacionalidade, a localização e até mesmo a hora do dia. À noite, podemos não nos sentir seguros andando perto de um desconhecido que está a menos de 3 metros.

362. Postura territorial
A maneira como posicionamos as pernas pode representar uma forma de exibição territorial. Quanto mais distantes nossos pés, maior o efeito. A amplitude da postura de uma pessoa é reveladora: militares e policiais tendem a ficar com os pés mais afastados do que, digamos, contadores e engenheiros. A abertura das pernas transmite, é claro, uma sensação de confiança e uma reivindicação subconsciente de território.

363. Desafio territorial
Durante uma discussão acalorada, uma pessoa pode invadir intencionalmente o espaço pessoal de outra, ficando a apenas alguns centímetros do rosto (figurativamente "na sua cara"), estufando o peito e encarando. Essa violação do espaço serve para intimidar e pode ser o prelúdio de uma agressão física.

364. Inclinar-se para o lado

A maioria das pessoas prefere falar com os outros de uma posição ligeiramente inclinada, em vez de face a face. Quando crianças se encontram pela primeira vez, elas costumam se aproximar em ângulos por uma razão: têm uma recepção melhor. Descobri que quando empresários ficam de frente um para o outro inclinando a cabeça em um pequeno ângulo, a quantidade de tempo que passam juntos aumenta. Observe que, quando há irritação, é sempre melhor ficar em um ângulo ligeiramente afastado da outra pessoa, pois isso ajuda a diluir emoções negativas.

365. Comportamentos de caminhada

A maneira como andamos comunica muito. Algumas são intencionalmente sensuais (a de Marilyn Monroe, por exemplo), enquanto outras mostram força e determinação (a de John Wayne). Determinado jeito de andar sugere que uma pessoa está em uma tarefa importante, enquanto outros são mais relaxados e casuais, ou pretendem fazer com que um indivíduo seja notado, como o andar do personagem de John Travolta na abertura do filme *Os embalos de sábado à noite*. E não é apenas como andamos; às vezes, comunicamos nosso interesse pelos outros por meio da frequência com que passamos por eles para dar uma boa olhada ou fazer com que percebam nossa presença.

366. O ritmo durante a caminhada

Quem define o passo de caminhada em grupo geralmente é o responsável. Vamos acelerar ou desacelerar no ritmo da pessoa mais sênior ou líder de grupo. Até mesmo os adolescentes farão isso, seguindo a cadência do mais popular entre eles. Ao analisar grupos, lembre-se de que quem está no comando não é quem vai à frente, mas, sim, quem dita o ritmo. Isso pode significar que a última pessoa de um grupo é a líder e está estabelecendo o passo para não andarem mais rápido.

367. Comportamentos ao se sentar

Cada cultura se senta de um modo diferente. Em algumas partes da Ásia, as pessoas ficam de cócoras, com as nádegas baixas e os joelhos altos, enquanto esperam o ônibus. Em outras culturas, as pernas são cruzadas ao sentar, como Gandhi enquanto trabalhava em um tear. Na Europa e em outros lugares, as pessoas geralmente se sentam com uma perna dobrada sobre o joelho oposto, de modo que a sola aponte para baixo. Nos Estados Unidos, há uma combinação de estilos, incluindo o "4": o tornozelo posicionado em cima do joelho da outra perna, com o pé visivelmente alto. Quando se trata da maneira de sentar, é importante seguir os costumes locais e os do anfitrião.

368. Segurar as pernas juntas ao se sentar

Muitas vezes, a forma como nos sentamos revela nosso grau de confiança. Pernas que de repente se juntam sugerem insegurança. Em parte, é claro, a maneira de nos sentarmos é cultural, mas algumas pessoas movem as pernas com grande autoconfiança, dependendo de como se sentem emocionalmente. Observe que em muitos lugares as mulheres se sentam com os joelhos juntos por uma questão de convenção social.

369. Afastar as pernas ao se sentar

Pernas que se afastam ao se sentar durante uma entrevista ou uma conversa sugerem maior conforto ou confiança. Esse é um gesto de demarcação de território universal: quanto mais distantes estão as pernas, mais território é reivindicado. É um comportamento mais pronunciado nos homens.

370. Entrelaçar os tornozelos

Quando estão sentadas, sobretudo em um ambiente formal, as pessoas geralmente juntam os tornozelos e os entrelaçam. Quando algum tema sensível ou controverso está em debate, procuro alguém que esteja fazendo esse gesto; indica que ele está se contendo, expressando reservas ou mostrando hesitação ou desconforto psicológico.

371. Entrelaçar os tornozelos nos pés da cadeira

Insegurança, medo ou preocupação farão com que algumas pessoas travem os tornozelos em torno dos pés de uma cadeira. Claro, há quem se sente assim rotineiramente, mas esse gesto, feito de modo repentino após uma pergunta ou durante a discussão de um assunto delicado, é um forte indicador de que há algo errado. É parte da resposta de congelamento/autocontenção.

372. Juntar os joelhos, inclinando-se para trás

Apertar os joelhos com firmeza pode significar que uma pessoa está tentando se controlar. Costuma-se ver isso em entrevistas de emprego: a pessoa está sentada, com os pés no chão, os joelhos unidos, mas, por causa do estresse, se inclina para trás de maneira bastante rígida.

373. Travar os joelhos, inclinando-se para a frente
Geralmente significa que estamos prontos para sair. Muitas vezes também alinhamos os pés na posição de corrida, um à frente do outro. Não faça isso em uma reunião, a menos que você seja a pessoa mais graduada; é um insulto sinalizar que quer sair se outra pessoa estiver no comando ou ocupar uma posição superior à sua.

374. Cruzar a perna como barreira ao se sentar
Cruzar uma perna de modo que isso funcione como barreira quando se está sentado – com o joelho alto sobre a outra perna – sugere que há problemas, reservas ou desconforto social. Seja em casa, seja no trabalho, esse comportamento reflete com precisão os sentimentos. Surge no instante em que um tópico desconfortável é trazido à tona.

375. Estender as pernas sobre um objeto
Inconscientemente, os indivíduos que se sentem confiantes ou superiores estendem a perna sobre uma mesa, uma cadeira ou outro objeto – até mesmo sobre outras pessoas – como forma de estabelecer uma reivindicação territorial. Alguns chefes fazem isso regularmente, sentando-se em uma cadeira e estendendo a perna sobre outra.

376. Esfregar as pernas
Esfregar a parte superior do quadríceps funciona para nos acalmar quando estamos sob alto grau de estresse. Como geralmente ocorre sob a mesa, nem sempre percebemos o gesto.

377. Esfregar os joelhos
Vemos repetidos arranhões ou fricções na área logo acima do joelho em pessoas que estão estressadas ou esperando algo palpitante. Como a maioria dos comportamentos repetitivos, serve para pacificar, amenizando a excitação ou a tensão.

378. Coçar o tornozelo
Em situações tensas, não é incomum que uma pessoa coce o tornozelo. Serve tanto para aliviar o estresse quanto para arejar a pele. Muitas vezes vemos o gesto em situações de alto risco, como uma grande aposta em um jogo de pôquer, ou em um interrogatório policial, quando uma pergunta difícil é feita.

379. Flexionar o joelho
Não é incomum observarmos pessoas dobrando rapidamente os joelhos para a frente, em pé, o que faz com que fiquem mais baixas. Em geral, elas logo se recompõem. Essa é uma postura muito infantil, quase semelhante ao início de uma birra. Vi homens adultos fazerem isso no balcão de aluguel de carros, quando lhes disseram que o veículo que haviam solicitado não estava disponível.

380. Arrastar os pés
Muitas vezes vemos crianças arrastar os pés para a frente e para trás enquanto falam ou esperam por algo. Esse comportamento repetitivo as ajuda a se acalmar ou passar o tempo ocioso. Adultos podem fazê-lo enquanto aguardam a chegada de alguém. Pode ser usado para

mascarar a ansiedade e é comum entre pessoas tímidas e inexperientes durante um primeiro encontro.

381. Balançar o tornozelo
Algumas pessoas, quando estão em pé, torcem ou estremecem repetidamente o pé na direção do lado do tornozelo, em uma demonstração de inquietação, agitação, animosidade ou irritação. É muito perceptível, pois o tremor faz todo o corpo se agitar.

382. Abraçar os joelhos
Muitas vezes vemos adolescentes abraçando as pernas, levando os joelhos até o nível do peito. Isso pode ser muito reconfortante e os ajuda a curtir o momento enquanto ouvem música, por exemplo, ou lidam com emoções. Também vi criminosos fazerem isso durante interrogatórios, pois é uma forma de gerenciar o estresse.

383. Cruzar as pernas em pé
Cruzamos as pernas em pé quando estamos sozinhos ou se nos sentimos à vontade com as pessoas ao nosso redor. No momento em que alguém nos causa o menor desconforto psicológico, nós as descruzamos, para o caso de precisarmos nos distanciar ou nos defender rapidamente do ofensor. Você pode notar esse gesto em elevadores, quando um passageiro solitário descruza as pernas no minuto que um desconhecido entra.

384. Chutar a perna ao se sentar
Uma perna cruzada sobre o joelho que se move em sacudidas e espasmos (movimentos repetitivos) ou chutes

repentinos para cima e para baixo depois que uma pergunta é feita indica alto desconforto. Não é um pacificador, a menos que a pessoa o faça o tempo todo. É um ato subconsciente de chutar algo censurável. Chutes repentinos em resposta a uma pergunta ou afirmação geralmente estão associados a fortes sentimentos negativos.

385. Pular de alegria

Em todo o mundo, emoções positivas impulsionam esse comportamento. Os primatas também pulam de alegria, assim como os humanos, ao sentirem que estão prestes a receber um agrado. Nosso sistema límbico, o centro emocional do cérebro, direciona esse comportamento automaticamente, e é por isso que, quando um jogador marca um ponto, os espectadores pulam todos de uma só vez, sem serem instruídos a fazer isso.

386. Pernas e pés não cooperativos

Crianças, e às vezes adultos, protestam com os pés, arrastando-os, chutando, torcendo-os ou deixando que adormeçam, transformando-se em um peso morto. As crianças fazem isso quando se recusam a ir a algum lugar, e muitas vezes você verá os mesmos gestos em adultos resistindo pacificamente à prisão. Suas pernas demonstram, de maneira clara e inequívoca, como eles realmente se sentem a respeito de algo.

387. Perder o equilíbrio

Há uma série de condições médicas que podem desencadear a perda de equilíbrio, incluindo pressão arterial baixa, ou algo tão simples quanto se levantar muito rápido. Drogas e álcool também podem influenciar. A idade igualmente pode ser um fator. Quando vemos alguém perder o equilíbrio, nosso primeiro instinto deve ser ajudar, sempre que possível. É importante notar que, quando um idoso cai, pode haver consequências graves devido à fragilidade dos ossos, por isso é necessária uma ação imediata.

Pés

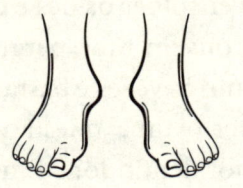

"O pé humano é uma obra-prima da engenharia e uma obra de arte", disse Leonardo da Vinci após décadas dissecando e estudando o corpo humano. Embora sejam relativamente pequenos em comparação às outras partes do corpo, os pés carregam todo o nosso peso e são inestimáveis na detecção de movimento, vibrações, calor, frio e umidade. Colocamos mais pressão sobre eles do que sobre qualquer outra área do corpo, e os punimos com sapatos apertados e trajetos intermináveis. Sensíveis ao menor toque, eles podem ser muito sensuais – ou podem quebrar um tijolo com um chute de caratê. Como o restante do corpo, fazem o trabalho necessário com perfeição, equilibrando-nos, permitindo-nos andar e escalar, mas também comunicam nossos sentimentos e intenções, bem como nossos medos.

388. Pés congelados

Pés que subitamente ficam imóveis indicam preocupação ou insegurança. Tendemos a congelar o movimento quando nos sentimos ameaçados ou preocupados, uma resposta evolutiva que ajuda a passarmos despercebidos por predadores.

389. Pés em retirada

Durante entrevistas de emprego, os candidatos podem repentinamente encolher os pés e colocá-los embaixo da cadeira quando ouvem uma pergunta da qual não gostam. O movimento às vezes é bastante perceptível, acompanhando de perto uma questão difícil de responder, como "Você já foi demitido?". Em casa, os adolescentes podem fazer isso quando indagados sobre onde estiveram na noite anterior.

390. Roçar de pés sedutores

Quando sentimos atração romântica por uma pessoa, nossos pés podem se mover quase inconscientemente na direção dos dela para que se toquem. É por isso que você vê as pessoas brincando com os pés sob a mesa nos estágios iniciais de um relacionamento. O toque lúdico tem um papel importante em nos conectar com os outros. Neurologicamente, quando nossos pés são tocados, o gesto é registrado em uma faixa sensorial ao longo do lobo parietal do cérebro, muito próximo de onde os órgãos genitais também deixam seus registros.

391. Balançar o pé

Esse é outro comportamento repetitivo que serve para pacificar. Podemos fazê-lo quando queremos que alguém se apresse – o balanço vai dos calcanhares para os dedos, para a frente e para trás. Como o movimento nos eleva à medida que balançamos para a frente, também é um comportamento que desafia a gravidade. Balançar os pés pode aliviar o tédio e demonstrar que a pessoa está no comando.

392. Pé apontando para a saída

No meio de uma conversa, uma pessoa que precisa se retirar pode sinalizar essa necessidade, de modo súbito ou aos poucos, apontando um pé em direção à porta. É a maneira não verbal de comunicar "Tenho que ir". É uma *sugestão de intenção*, e se o interlocutor a ignora, sobrevém a irritação. Esteja atento aos outros e aprenda a identificar esse sinal.

393. Afastar os dois pés

Quando estamos na presença de alguém de quem não gostamos, não é incomum que nossos pés se voltem para a porta ou se afastem dessa pessoa. Após anos frequentando tribunais, notei que os jurados muitas vezes se voltam para a sala do júri no instante em que uma testemunha ou um advogado de quem não gostam começa a falar. Nas festas, você pode ver duas pessoas se olhando e até trocando um sorriso social, mas seus pés se afastam, indicando antipatia mútua.

394. Apontar os dedos para dentro/dedos de pombo

Algumas pessoas posicionam os dedos dos pés para dentro (na posição às vezes chamada de "dedos de pombo") quando estão inseguras, tímidas ou introvertidas, ou ao se sentirem particularmente vulneráveis. Mais comum em crianças, mas também observado em adultos, esse comportamento demonstra algum tipo de necessidade ou apreensão emocional.

395. Apontar os dedos para cima
Pode acontecer de alguém estar conversando, pessoalmente ou por telefone, e apontar os dedos do pé para o alto, em ângulo, com o calcanhar firme no chão. Esse é um comportamento que desafia a gravidade, geralmente associado a emoções positivas. Também pode ser observado quando bons amigos se encontram.

396. Expor as solas dos pés
Em muitas partes do mundo, especialmente no Oriente Médio, na África e em regiões da Ásia, exibir a sola do pé ou do sapato é um insulto. Ao viajar para o exterior, tome cuidado com a maneira como se senta – descansar o tornozelo sobre o joelho expõe a sola do pé. Geralmente, é preferível manter os dois pés no chão ou colocar a perna sobre o outro joelho, de modo que a sola aponte para baixo.

397. Pés saltitantes
Às vezes, registramos um pico emocional com os pés felizes – os pés ficam animados e nervosos. Isso certamente é visível nas crianças, quando você diz que vai levá-las a um parque, por exemplo. Mas também vemos em adultos: jogadores de pôquer podem bater os pés debaixo da mesa quando têm boas cartas na mão. Embora os pés não estejam visíveis, muitas vezes farão com que a roupa se movimente até a altura dos ombros.

398. Batucar com o pé
Esse é um comportamento familiar usado para passar o tempo, manter o ritmo da música ou, como o tamborilar,

indicar que estamos impacientes. Normalmente, apenas a frente do pé está envolvida, enquanto o calcanhar permanece no chão, mas também pode ser feito com ele.

399. Mexer os dedos dos pés
Já se pegou fazendo isso? Muito provavelmente você estava se sentindo bem com alguma coisa, animado ou esperando ansiosamente por um evento. O movimento dos dedos dos pés estimula os nervos que ajudam a aliviar o tédio ou o estresse, e podem sinalizar excitação da mesma forma que os pés felizes.

400. Pés agitados
Toda mãe ou todo pai reconhece os pés agitados de um filho que quer sair da mesa para brincar. Muitas vezes, nossos pés telegrafam que queremos sair, mesmo em uma sala de reuniões cheia de adultos, por meio de movimentos excessivamente desconfortáveis. Estes podem incluir deslocamento repetitivo, movimento de um lado para o outro, pés em retirada ou levantar e abaixar os calcanhares com agitação.

401. Ritmo nervoso
Muitas pessoas andam de um lado para o outro quando estão estressadas. Funciona como um pacificador, como todos os comportamentos repetitivos.

402. Pernas como indicadores de desejos
As pernas sinalizam quando queremos nos aproximar de algo ou alguém, girando em direção a uma vitrine de doces ou a uma pessoa em quem estamos interessados.

Em certas situações, até podemos afastar o tronco, como se fôssemos sair, mas as pernas permanecem congeladas no lugar porque gostamos da pessoa com quem estamos.

403. Fazer birra com as pernas

Crianças torcem, movem e batem energicamente as pernas, expressando de modo inequívoco como se sentem. E não só elas; certa vez vi um executivo retirado à força de um voo realizando esse mesmo gesto. É um lembrete de que as pernas também demonstram emoções e, por conterem os maiores músculos do corpo, o fazem com o máximo de efeito.

404. Bater o pé

As crianças não são as únicas que batem o pé para expressar seus sentimentos. Muitas vezes, vemos esse gesto entre pessoas exasperadas ou que atingiram o limite da paciência. Tenho observado homens e mulheres batendo os pés em filas que andam muito devagar. Normalmente, apenas uma vez, somente para serem notados.

405. Abaixar as meias

O estresse fará com que a temperatura da pele suba bem depressa. Para muitas pessoas, os pés e as canelas ficam incomodamente quentes. Quando estressadas, elas ventilam o tornozelo abaixando as meias, às vezes repetidamente. Trata-se de um comportamento muitas vezes despercebido que sinaliza alto grau de desconforto psicológico.

406. Balançar o sapato solto na ponta do pé
Quando algumas pessoas, especialmente as mulheres, se sentem à vontade com os outros, elas balançam o sapato solto na ponta do pé. É frequentemente visto em situações de paquera. O sapato será colocado de volta no exato instante em que a mulher se sentir desconfortável ou reprovar algo que a outra pessoa disse ou fez.

407. Agitar pés e pernas
Uma pessoa pode apresentar um estado agitado em que seus pés estão inquietos, movendo ou andando, correndo para lá e para cá aparentemente sem propósito. Isso pode ser devido a um evento diagnosticável, como uma reação alérgica a um medicamento, uso de drogas ilícitas, choque após uma tragédia ou ataque de pânico. Ao mesmo tempo, ela pode exibir punhos cerrados, mãos inquietas, algumas mordidas nos lábios e até espasmos nos olhos. Esse estado generalizado de agitação é um sinal não verbal de que algo está errado e a pessoa está tentando lidar com isso. Pode ser necessário requisitar assistência médica ou aconselhamento psicológico. Não espere que a pessoa experimentando tal agitação seja capaz de falar ou pensar de forma coerente nesse momento.

Conclusão

Meu desejo para este livro é que ele abra seus olhos para o mundo ao seu redor, ajudando-o a entender e apreciar os outros por meio dessa linguagem tácita que chamamos de elementos não verbais. Mas ler sobre isso é apenas o primeiro passo. Agora vem a parte mais interessante: notar e testar o que você aprendeu. Ao verificar essas observações por conta própria, "em campo", todos os dias, você desenvolverá seu próprio conjunto de habilidades para decodificar o comportamento humano. Quanto mais estudar e verificar, mais fácil se tornará, e você verá imediatamente sinais que os outros não percebem.

Nós, humanos, lidamos todos com pessoas. Estar em sintonia com os outros é cuidar. Liderança tem tudo a ver com compreensão e comunicação, e a linguagem corporal é uma peça-chave. Líderes eficazes ouvem e transmitem em dois canais: o verbal e o não verbal. E mesmo que nosso mundo esteja se tornando cada vez mais digitalizado e impessoal, o contato cara a cara ainda é extraordinariamente importante para construir relacionamentos, estabelecer confiança e contato, entender os outros e se relacionar com empatia. A tecnologia tem seus usos – ela me ajudou a escrever este livro –, mas também tem limitações quando se trata de escolher um melhor amigo ou um companheiro. As dicas não verbais que damos e as que notamos nos outros são importantes.

É claro que nenhum livro pode abranger todo o comportamento humano. Outros se concentrarão em atitudes diferentes e contribuirão para nosso conhecimento, indo além do meu escopo – talvez um dia seja você. Sempre tive a intenção de compartilhar meus conhecimentos e experiências, e isso me trouxe grande felicidade. Espero que você também compartilhe o que aprendeu sobre linguagem corporal e comunicação não verbal. Que sua vida seja tão enriquecida quanto a minha, aprendendo por que fazemos as coisas que fazemos. Tem sido um passeio interessante. Obrigado por me acompanhar.

Agradecimentos

Começo cada jornada escrevendo com plena consciência e gratidão a tantas pessoas que me ajudaram ao longo do caminho, e não apenas na escrita. A maioria nunca será reconhecida porque há muito esqueci o nome de um professor que respondeu a uma pergunta, ou de um vizinho que compartilhou o almoço, ou do treinador que me ensinou a melhorar meu foco. Esqueci seus nomes, mas não seus atos de bondade. Tampouco esqueci as inúmeras pessoas em todo o mundo, de Pequim a Bucareste, que me honraram comprando meus livros, me seguindo nas redes sociais e me incentivando a escrever. Um sincero obrigado.

Obrigado a Ashleigh Rose Dingwall, por sua ajuda na leitura do manuscrito e por suas valiosas sugestões. Aos homens e mulheres do FBI, especialmente aqueles da unidade de revisão de pré-publicação, obrigado por sua incansável assistência.

William Morrow é atualmente o lar de quatro de meus livros precisamente por causa de pessoas como a editora Liate Stehlik e a equipe maravilhosa que trabalhou neste projeto, incluindo Ryan Curry, Bianca Flores, Lex Maudlin e a editora de produção Julia Meltzer. Ao meu editor na William Morrow, Nick Amphlett, que defendeu este projeto, guiando-o habilmente em seus muitos passos, ofereço mais do que minha gratidão. Nick, você foi muito gentil e generoso com seu tempo, suas ideias e o processo de edição. Você e seus colegas tornaram este trabalho coletivamente possível, e eu agradeço.

Meu querido amigo e agente literário Steve Ross, diretor da Divisão de Livros da Abrams Artist Agency, você tem minha mais profunda gratidão. Steve é o tipo de agente que a maioria dos escritores gostaria de ter, porque ele ouve, se importa, aconselha e faz as coisas. Steve, você é único. Obrigado por sua orientação e liderança quando foi mais necessário. Um grande obrigado também para seus colegas David Doerrer e Madison Dettlinger pela assistência neste e em outros projetos.

Não estaria aqui escrevendo se não fosse pela minha família, que sempre me apoiou e me permitiu ser curioso e seguir meu próprio caminho mais difícil. A Mariana e Albert, meus pais, obrigado por todos os sacrifícios que fizeram para que eu pudesse triunfar. Para minhas irmãs, Marianela e Terry, seu irmão ama vocês. Para Stephanie, minha filha, você tem a mais adorável das almas. A Janice Hillary e minha família em Londres, obrigado pelo incentivo e pela compreensão – sempre.

Por último, para minha esposa, Thryth, que é tão maravilhosamente solidária em tudo que faço, mas especialmente na minha escrita: obrigado. Da sua bondade tiro forças, e com seu encorajamento aspiro a ser melhor em todas as coisas. Sou uma pessoa muito melhor desde que você entrou na minha vida. Sinto seu amor todos os dias da maneira mais importante: em tudo que você faz.

Bibliografia

ALFORD, R. "Adornment." In LEVINSON, D.; EMBER, M. (orgs.). *Encyclopedia of Cultural Anthropology*. Nova York: Henry Holt, 1996.

BURGOON, J. K.; BULLER, D. B.; WOODALL, W. G. *Nonverbal Communication: The Unspoken Dialogue*. Columbus: Greyden, 1994.

CALERO, H. H. *The Power of Nonverbal Communication: How You Act Is More Important Than What You Say*. Los Angeles: Silver Lake, 2005.

CARLSON, N. R. *Fisiologia do comportamento*. Barueri: Manole, 2002.

DARWIN, C. *A expressão das emoções no homem e nos animais*. São Paulo: Cia. das Letras, 2009.

DIMITRIUS, J.; MAZZARELA, M. *Decifrar pessoas: Como entender e prever o comportamento humano*. 22 ed. São Paulo: Campus, 2003.

EKMAN, P.; FRIESEN, W. Y.; ELLSWORTH, P. *Emotion in the Human Face: Guidelines for Research and an Integration of Findings*. Cambridge: Cambridge University Press, 1982.

ETCOFF, N. *A lei do mais belo: A ciência da beleza*. Rio de Janeiro: Objetiva, 1999.

GIVENS, D. G. *Love Signals: A Practical Guide to the Body Language of Courtship*. Nova York: St. Martin's, 2005.

_____. *The Nonverbal Dictionary of Gestures, Signs and Body Language Cues*. Spokane: Center for Nonverbal Studies. Disponível em <members.aol.com/nonverbal2/diction1.htm>.

_____. *Linguagem corporal no trabalho*. Petrópolis: Vozes, 2014.

HALL, E. T. *A dimensão oculta*. São Paulo: Martins Fontes, 2005.

_____. *A linguagem silenciosa*. Lisboa: Relógio D'Água, 1994.

IACOBONI, M. *Mirroring People: The Science of Empathy and How We Connect with Others*. Nova York: Picador, 2009.

KNAPP, M. L.; HALL, J. A. *Comunicação não verbal na interação humana*. São Paulo: JSN, 1999.

LAFRANCE, M.; MAYO, C. *Moving Bodies: Nonverbal Communications in Social Relationships*. Monterey: Brooks/Cole, 1978.

LEDOUX, J. E. *O cérebro emocional: Os misteriosos alicerces da vida emocional*. Rio de Janeiro: Objetiva, 1998.

MONTAGU, A. *Tocar: O significado humano da pele*. São Paulo: Summus, 1998.

MORRIS, D. *Bodywatching: A Field Guide to the Human Species*. Nova York: Crown, 1985.

_____. *Bodytalk: The Meaning of Human Gestures*. Nova York: Crown Trade Paperbacks, 1994.

_____. *Comportamento íntimo*. Rio de Janeiro: J. Olympio, 1974.

_____. *Manwatching: A Field Guide to Human Behavior*. Nova York: Crown, 1980.

_____. *Peoplewatching: A Guide to Body Language*. Londres: Vintage Books, 2002.

MORRIS, Desmond et al. *Gestures*. Nova York: Scarborough Books, 1994.

NAVARRO, J. "Chirality: A Look at Emotional Asymmetry of the Face." Disponível em <www.psychologytoday.com/us/blog/spycatcher/201605/chirality-look-emotional-asymmetry-the--face>.

NAVARRO, J.; KARLINS, M. *O que todo corpo fala: Um ex-agente do*

FBI ensina como decodificar a linguagem corporal e ler as pessoas. Rio de Janeiro: Sextante, 2020.

NAVARRO, J.; POYNTER, T. S. *Louder Than Words: Take Your Career From Average to Exceptional with the Hidden Power of Nonverbal Intelligence*. Nova York: HarperCollins, 2009.

PANKSEPP, J. *Affective Neuroscience: The Foundations of Human and Animal Emotions*. Nova York: Oxford University Press, 1998.

RATEY, J. J. *O cérebro: Um guia para o usuário*. Rio de Janeiro: Objetiva, 2002.

CONHEÇA OUTROS LIVROS DE JOE NAVARRO

O que todo corpo fala

Considerado um dos maiores especialistas do mundo em linguagem corporal, o ex-agente do FBI Joe Navarro nos ensina a "ler" as pessoas e dominar os segredos da comunicação não verbal.

Você vai aprender a decodificar os sentimentos por trás de expressões faciais, identificar sinais contraditórios entre palavras e gestos, e perceber facilmente quando alguém está tentando esconder alguma coisa.

Com base em pesquisas científicas, casos reais e em sua própria experiência, Navarro revela também como usar a linguagem não verbal para persuadir as pessoas e influenciar o que elas pensam a seu respeito.

Você vai descobrir:

- Os instintos ancestrais de sobrevivência que comandam a linguagem corporal.
- Por que o rosto é o lugar menos confiável do corpo.
- Simples comportamentos não verbais que geram confiança.
- Quais comportamentos transmitem autoconfiança e autoridade.
- O que dedos, pés e sobrancelhas podem revelar sobre a motivação de uma pessoa.
- Por que sinais de desconforto e estresse nem sempre indicam que alguém está mentindo.

As cinco habilidades das pessoas excepcionais

Joe Navarro foi agente do FBI por 25 anos, uma atividade em que saber liderar era, muitas vezes, uma questão de vida ou morte.

Com essa rica experiência e o conhecimento de quatro décadas estudando o comportamento humano, ele revela os cinco princípios que guiam as pessoas excepcionais e ensina como podemos desenvolver essas habilidades:

- Autodomínio: antes de liderar os outros, aprenda a liderar a si mesmo.
- Observação: descubra as técnicas usadas pelo FBI para avaliar qualquer situação com rapidez e precisão.
- Comunicação: explore o poder das interações verbais e não verbais para persuadir, motivar e inspirar.
- Ação: construa um propósito comum e dê o exemplo.
- Bem-estar psicológico: aprenda a transmitir calma e empatia para que as pessoas se sintam seguras ao seu lado.

Este livro é o resultado de mais de 10 mil entrevistas em campo e avaliações comportamentais, combinando ciência, estudos de caso e relatos surpreendentes de experiências vividas no FBI.

Do autoconhecimento à ética, da comunicação clara à preocupação genuína com o outro – desenvolver cada uma dessas habilidades fará você se destacar como um líder confiante e confiável, e, acima de tudo, se tornar uma pessoa melhor.

CONHEÇA ALGUNS DESTAQUES DE NOSSO CATÁLOGO

- Augusto Cury: Você é insubstituível (2,8 milhões de livros vendidos), Nunca desista de seus sonhos (2,7 milhões de livros vendidos) e O médico da emoção
- Dale Carnegie: Como fazer amigos e influenciar pessoas (16 milhões de livros vendidos) e Como evitar preocupações e começar a viver
- Brené Brown: A coragem de ser imperfeito – Como aceitar a própria vulnerabilidade e vencer a vergonha (600 mil livros vendidos)
- T. Harv Eker: Os segredos da mente milionária (2 milhões de livros vendidos)
- Gustavo Cerbasi: Casais inteligentes enriquecem juntos (1,2 milhão de livros vendidos) e Como organizar sua vida financeira
- Greg McKeown: Essencialismo – A disciplinada busca por menos (400 mil livros vendidos) e Sem esforço – Torne mais fácil o que é mais importante
- Haemin Sunim: As coisas que você só vê quando desacelera (450 mil livros vendidos) e Amor pelas coisas imperfeitas
- Ana Claudia Quintana Arantes: A morte é um dia que vale a pena viver (400 mil livros vendidos) e Pra vida toda valer a pena viver
- Ichiro Kishimi e Fumitake Koga: A coragem de não agradar – Como se libertar da opinião dos outros (200 mil livros vendidos)
- Simon Sinek: Comece pelo porquê (200 mil livros vendidos) e O jogo infinito
- Robert B. Cialdini: As armas da persuasão (350 mil livros vendidos)
- Eckhart Tolle: O poder do agora (1,2 milhão de livros vendidos)
- Edith Eva Eger: A bailarina de Auschwitz (600 mil livros vendidos)
- Cristina Núñez Pereira e Rafael R. Valcárcel: Emocionário – Um guia lúdico para lidar com as emoções (800 mil livros vendidos)
- Nizan Guanaes e Arthur Guerra: Você aguenta ser feliz? – Como cuidar da saúde mental e física para ter qualidade de vida
- Suhas Kshirsagar: Mude seus horários, mude sua vida – Como usar o relógio biológico para perder peso, reduzir o estresse e ter mais saúde e energia

sextante.com.br